SPHINX

Das Buch

Obwohl Pierre Derlon selbst kein Zigeuner war, wurde er von ihnen aufgenommen und im Laufe von Jahrzehnten in ihre magische Welt eingeweiht. Er berichtet über die ‹Gärten der Einweihung› der Zigeuner, in denen die Zeit sich aufzuheben scheint, von den alten Gesetzen der Farben, über die Heilkraft des morgentlichen Taus, von den versteckten Rätseln des Labyrinths im Menschen und in der Natur und von vielen anderen bisher unbekannten Geheimnissen der letzten freien Menschen, deren Leben noch ganz im Einklang mit den Gesetzen der Natur steht. Derlon versteht es, die für Seßhafte oft abenteuerlich wirkende Gebräuche der Zigeuner wie selbstverständlich erscheinen zu lassen. Eingebettet in den Bericht über seine Erlebnisse im Kreis der Sippe, in einsamen Kathedralen und im Schein des nächtlichen Lagerfeuers werden die Überlieferungen zu neuem Leben erweckt und zeigen die in ihnen ruhende Weisheit.

Der Autor

Pierre Derlon wurde 1920 in Chartres geboren und hat im Laufe seines Lebens mindestens 20 verschiedene Berufe ausgeübt. Aufgrund besonderer Umstände wurde er von den Zigeunern aufgenommen und zu ihrem Vertrauten. Er selbst sagte zu *Die Gärten der Einweihung:* «Dieses Buch ist die Synthese einer geistigen Verbindung zwischen einem Analphabeten und dessen Lehrer. Derjenige aber, der hier weise erscheint, ist unwissend; des Schreibens kundig, konnte ich nur jene mündlich überlieferten Kenntnisse weitergeben, die sehr viel älter sind als mein eigenes Dasein.»
Zuletzt arbeitete Pierre Derlon bis zu seinem Tod, 1982, als freier Schriftsteller und berichtete in seinen Büchern über die bis dahin streng gehüteten Geheimnisse, Überlieferungen und okkulten Praktiken der Zigeuner.

PIERRE DERLON

DIE GÄRTEN DER EINWEIHUNG

UND ANDERE GEHEIMNISSE DER ZIGEUNER

SPHINX

Aus dem Französischen
von René Taschner

CIP-Titelaufnahme der Deutschen Bibliothek
Derlon, Pierre: Die Gärten der Einweihung
und andere Geheimnisse der Zigeuner /
Pierre Derlon. [Aus d. Franz. von René Taschner]. –
Basel : Sphinx, 1991
(Sphinx pocket ; 66)
Einheitssacht.: Secrets oubliés des derniers
initiés gitans <dt.>
ISBN 3-85914-366-2
NE: GT

Originaltitel: Secrets Oubliés des
Dernier Initiés Gitans

Satz: BDV, Basel
Herstellung: Clausen & Bosse, Leck
Printed in Germany
ISBN 3-85914-366-2

Inhalt

Meinen Freunden

Alexandro Jodorowsky
Ami Guichard

Mögen diese Zeilen im Zeichen vergessener Erkenntnisse ein Pfand meiner brüderlichen Zuneigung sein.

Pierre Derlon

Pierre Derlon zeigt dem Oberhaupt der Sava eines seiner Manuskripte. Links seine Frau und sein Sohn Ramountcho. (Photo: G. Loucel)

I
Die Gärten der Einweihung

Nachdem ich seit meinem neunzehnten Lebensjahr die geistigen Kräfte der Zigeuner erforscht habe, glaube ich folgendes festhalten zu können:

Seit Anbeginn hat mich diese Überfülle geistiger Kräfte unlösbar in ihren Bann gezogen. Wenn mir als Unwissendem Reisen in Dimensionen möglich sind, die ausserhalb des Bereichs gewöhnlich Sterblicher liegen, so habe ich diese Fähigkeit fahrenden Analphabeten zu verdanken. Sie waren es, die mir im Schein der nächtlichen Lagerfeuer jene Geheimnisse offenbarten, die möglicherweise schon Menschen längst vergangener Kulturen zur Vervollkommnung des eigenen Ichs und somit zum Erlangen uneingeschränkter Daseinsfreude gedient hatten.

Obwohl ich glaube, dass es im Hinblick auf dieses Ziel verschiedene Lehren gibt, so haben dennoch alle ein und denselben Quell; in Einsamkeit geübte Askese kann in Bewusstseinszustände versetzen, in deren Verlauf man den Bart Gottes – falls es ihn gibt – in greifbarer Nähe glaubt.

Auf sexuelle Beziehungen konzentriertes Yoga vermag zu völliger Klarheit des Bewusstseins führen, wobei das eigentliche Ziel dieser geistigen Nahrung in der Entfaltung des Ichs besteht. Die Verschiedenheit der zu diesem Zweck verwendeten Methoden ist bedeutungslos, solange diese über das Gewöhnliche hinausführen; erst wenn dieses Ziel erreicht ist, kann unser Leben auch jenen zur geistigen Bereicherung werden, die zu den von uns erreichten Sphären keinen Zugang haben.

Ich habe Schäfer angetroffen, Nomaden die mit ihrer Persönlichkeit und ihrer Existenz noch in vollkommenem Einklang standen. Diese Menschen haben ihre Daseinsform fröhlicher Lebensbejahung nie ausserhalb ihrer eigenen Existenz gesucht. Unsere Zivilisation des Fortschritts ist nichts anderes als eine Zivilisation der Unwissenheit. Dem Menschen, der vielerlei Hilfsmittel zu seiner Unterhaltung erfunden hat, ist die Fähigkeit abhanden gekommen, sich mit seinem eigenen Ich zu beschäftigen; sein Gehirn ist auf Bedürfnisse eingerichtet, die den Gegenstand des Verlangens zum unerlässlichen Bestandteil seines Lebens werden lassen.

Ein beinahe lächerlich kleines Stück Raum am Rande eines als unbegrenzt geltenden Kosmos ist überwunden worden; die Fähigkeit aber, in den Kosmos des menschlichen Gehirns einzutauchen, so wie sie unseren Vorfahren noch möglich war, ist verlorengegangen. Der Mensch findet nicht mehr zu dem Reichtum und den Wundern eines freien Lebens; die Trugbilder einer falschen, Schritt für Schritt in das Nichts führenden Wissenschaft halten ihn gefangen. Während ich diese Worte schreibe, erinnere ich mich an den alten Biglia. Dieser Patriarch bestimmte die Lage der Schlafstätten seiner Sippe mit Hilfe einer Magnetnadel. Um zu den Quellen seines Seins zurückzukehren, errichtete er bei jedem Aufenthalt – sei es auf Schuttabladestellen, Viehmärkten oder wo immer man ihn auch duldete – einen ‹Garten›, der ihm als Stätte seiner Meditation diente.

Ich brauchte rund dreissig Jahre, ehe ich diese Fähigkeit des Zigeunerpatriarchen erreicht hatte.

Die verschiedenen Entwicklungsstufen, die mich nach und nach – oft auch zufällig – erkennen liessen, dass das menschliche Gehirn wie ein Computer programmiert werden kann, waren stets von Männern oder Frauen bestimmt, die ihre Intelligenz von den etablierten Wissenschaften abzugrenzen wussten. Auf diese Weise gehorchten sie den natürlichen Gesetzen des Instinkts.

Es waren jedoch Gelehrte, Wissenschaftler mir unbekannter Disziplinen, die mich jenen Mechanismus erkennen liessen, der mir Zusammenhänge offenbarte, die ihnen selber verschlossen blieben. Es gibt diesbezüglich Dinge, die ich nie begreifen werde. So bleibt es mir unerklärlich, dass ein Mensch, der vom Tun seiner Mitbrüder weiss, der das Leiden anderer erfassen, verbal ausdrücken kann und indirekt die wohltuenden Auswirkungen dieses Leidens vorauszusehen vermag, nicht fähig ist, bis zu den Ufern dieser Erkenntnis vorzudringen. Er kann nicht in seiner gewohnten Umgebung leben, deren Perspektive, Tiefe und Volumen von einigen wenigen unter uns bestimmt werden, und gleichzeitig Dinge erfassen, die zu allen Zeiten ausserhalb des unmittelbar Sichtbaren lagen. Es liegen Welten zwischen diesen

Gelehrten und den Auserwählten, und dennoch besteht auch hier eine gewisse Ordnung unabdingbarer Gesetze, die seit Jahrtausenden die Wölfe einen hinter dem andern her laufen lassen, die das Sargassomeer zum Liebesnest der Aale werden liessen und die den Schoss des Weibes seit Menschengedenken zum alleingültigen Quell menschlichen Lebens bestimmten.

Der Mensch hat sein Bewusstsein für Instinkte ebenso verloren wie seinen Orientierungssinn, und ich habe nur einen einzigen Mann gekannt, der sich in einem Wald ohne Kompass zielsicher fortzubewegen wusste. Dessenungeachtet folgen die grossen Wanderer stets jenen unsichtbaren Pfaden eines Christus, Mohammed und Buddha, die uns allen in irgendeinem Moment unseres Lebens offenstehen. Ich glaube, dass die Wissenschafter viel lernen würden, falls sie sich entschliessen könnten, denselben Pfad wie der alte Biglia oder andere meiner Wahlbrüder zu beschreiten.

Am Anfang unserer Begegnung liess mich Pietro Hartiss auf noch recht ungereimte Weise jene Grundelemente wissen, die ich mir zu eigen machen musste, um die von ihm geführte Lebensform erreichen zu können:

«Es wohnen zwei Menschen in dir», sagte er eines Tages, «und diese zwei Menschen bilden ein Ganzes: DICH. Deine Umwelt sieht in dir nur das, was du äusserlich für sie als Mensch, als Mann, darstellst. Dennoch gibt es unter den unzähligen Mitmenschen solche, die dich erkennen werden, sobald es dir gelingt, die beiden als Ganzes in Erscheinung tretenden Gegensätze auseinanderzuhalten.» Sätze dieser Art hätten für den damals neunzehnjährigen Jungen – ich hatte die Schule als Dreizehnjähriger verlassen, um ein Jahr später eine Lehrstelle anzutreten – im Dunkel des Unverständlichen verschwinden können. Dennoch blieben sie in meinem Gedächtnis haften, um mich schliesslich eines Tages in den Garten des alten Biglia, des Weisen, zu führen, der sich rund um Paris herum aufhielt und bald in Vanves, bald in Montreuil, Saint-Ouen oder Clignancourt zu finden war.

Es war im Winter 1940 – 41, als ich den ersten ‹Garten›

meines Lebens sah. Er bildete den ersten Buchstaben eines magischen Buches, das sich hier auftat und mir den Zugang zu jenen fremden Sphären zeigte, die mir in meinem Innersten bereits vertraut waren. Dennoch war mein Erstaunen gross, als ich in Begleitung von Hartiss eine Gartenpforte in Vanves öffnete und hinter einer der Mauern, die dem Passanten die Existenz der Zigeuner verbergen, einen seltsamen Garten erblickte. Vor der Wellblech-Hütte, die Biglia und seiner Sippe als Unterschlupf diente, befand sich ein Garten, der ausserhalb unserer Zeitbegriffe lag; jenseits der gewohnten Masstäbe wirkte er beinahe lächerlich altmodisch. Dieser imaginäre Garten war zwischen kahlen, vom Winter entblätterten Pfirsichbäumen angelegt, deren mit Schnee bedeckten Äste sich wie ausgestreckte Arme gegen den Himmel erhoben.

Zu ebener Erde, inmitten der verwelkten, vom Frost zum schwammigen Teppich verflochtenen Sommergräser hatte Biglia seinen seltsamen Garten errichtet; vier kleine Pflöcke markierten ein ungefähr zwei Meter langes und einen Meter breites Grundstück. Dieses exakte Rechteck richtete sich, wie ich später vernehmen sollte, nach der Länge der Schritte des grossen Alten, so wie sie einst von dessen Vater am Strand von Port-Saint-Louis, dort, wo die Kleine Rhone in den Golf von Bauduc mündet, bemessen worden waren. Biglia war damals sieben Jahre alt gewesen.

Würde er heute noch unter uns weilen, so hätte mein Bruder Biglia bereits seinen 123. Geburtstag feiern können; damals, 1941, war er 87 Jahre alt, so dass seine Geburt und der erste Schritt in Richtung dieser wunderbaren, ihn zum Oberhaupt einer Sippe bestimmenden Kräfte um das Jahr 1854 liegen mussten. Er war Analphabet und glaubte an Märchen, doch besass er die Fähigkeit, in eine gewisse Oberfläche einzudringen, um sich sämtlicher Gedanken ausserhalb dieses Bereichs zu entledigen. Auf diese Weise schuf er sich ein eigenes, nach aussen verschlossenes Universum, das ihm das Eintauchen in den Quell psychischer Schwingungen ermöglichte. Hier kann sich die Seele am ehesten von diesem Erdkreis läutern, der weit davon entfernt ist, imaginär zu sein und dessen Ursprung dort zu suchen ist, wo der Mensch seinen Instinkt erkannt und seine ‹schöpferische› Intelligenz zu ahnen begann. Er zerstörte damit seinen Urinstinkt und verlor sich somit in jener Monstrosität, die Schritt für Schritt sein altes natürliches Universum vernichtete.

«Aus diesem Grunde», so sagte mir Hartiss oft, «meide ich die Mauern dieser Stadt, in der du lebst. Darum sind unsere gelegentlichen Zusammenkünfte in einem tiefen Wald, am Ufer eines Baches oder mitten auf einem öffentlichen Schuttabladeplatz viel ‹wahrer› und herzlicher.»

Ich habe mich schon oft gefragt, wie wohl meine ‹Suche› ausgefallen wäre, falls ich – in einem Alter, in dem man gewöhnlich mehr an seinen Lebensabend als an neue Zukunftsmöglichkeiten denkt – nicht zu dieser Daseinsform gefunden hätte. Plötzlich fällt mir auf, dass ich heute bewusster lebe als damals, als ich zwanzig Jahre alt war; meine Knie sind stark genug, um vor dem abendlichen Feuer sowohl meinen jüngsten Sohn als auch meine Enkelin zu tragen. Diese patriarchalische Freude verdanke ich möglicherweise dem Garten des alten Biglia, in dem alles seinen Anfang genommen hatte. Aus was bestand dieser aussergewöhnliche Garten eigentlich? Die Holzpflöcke, die das Rechteck absteckten, waren durch einen violetten Wollfaden miteinander verbunden, und das verwelkte Gras schien mit einem Besen in Richtung des magnetischen Pols geglättet worden zu sein. Die Blumen, die hier blühten, bestanden aus unterschiedlich geformten, in genau bestimmter Reihenfolge ausgelegten Blechstücken, wobei deren rote und blaue Farbe gleichsam schachbrettartig miteinander abwechselten. Zur richtigen Plazierung dieses Gartens, der im Laufe der langen Fahrten stets neu errichtet werden musste, verwendete der alte Biglia einen Kompass, seine ‹Uhr mit den fest verbundenen Nadeln›.

Für meinen Freund war der Kompass ein magischer Gegenstand, mit dessen Hilfe er Dinge konstruierte, die für ihn eine absolut natürliche Bedeutung hatten. Sein Universum war nicht das unsrige, und nur er allein hatte die Fähigkeit, darin auf Reisen zu gehen.

Ich war damals zwanzig Jahre alt; heute bin ich fünfundfünfzig, und ich weiss, dass der Verlauf unseres Lebens von der Stunde, dem Tag und dem Monat bestimmt wird, an dem wir das Dunkel des Plasma verlassen, um zur Sonne, zum Atem, zum Licht zu drängen. Die ersten Augenblicke des Lebens sind sowohl Tod als auch Auferstehung. So lehrten es mich die Meister.

Das Aussergewöhnliche solcher Meister zeigt sich auch darin, dass ihr Instinkt – frei von jeder sogenannten ‹Wissenschaft› – an bestimmte Formen gebunden ist, als deren Träger gewisse Gegenstände oder Orte dienen. Diese Gegenstände sowie die genannten räumlichen Gegebenheiten müssen transportabel sein, da sie die Meister auf ihren lebenslangen Wanderungen begleiten.

Welch wunderbares Wissen besassen die Vorfahren der Meister! Wie kommt es bloss, dass wir im Laufe der Jahrhunderte so viele schöne und einfache, vom Laufe des Universums beeinflusste Dinge vergessen konnten? Unwissend, wie wir heute sind, sehen wir in den natürlichen Gegebenheiten magisches, woneben wir gleichzeitig jene Kräfte, die das Natürliche zerstören, als Wissenschaft und Fortschritt bezeichnen. Die Weisen unter den Fahrenden, denen der Zutritt zu jenen Gefilden noch nicht verwehrt ist, flüstern am nächtlichen Lagerfeuer gelegentlich das Wort Erkenntnis. Von all jenen, die dafür empfänglich sind, finden nur wenige die Erleuchtung, doch haben Leute, die für kurze Zeit in den Bannkreis dieses Lichts gerieten, darüber berichtet.

Es ist gut, wenn man sich über diese Zusammenhänge im klaren ist; mag dieses Buch auch nur mein damaliges Staunen wiedergeben, so waren jene Tage für mich dennoch ein Quell geistiger Nahrung.

Begegnungen dieser Art sind überall möglich; vor dem Begehen eines Kalvarienpfades, auf den Schwellen von Kathedralen wie von Bordellen und endlich auf zufälligen Sammelplätzen. All diese Stätten haben ihre eigenen Zeichen und Schicksale. So kenne ich in den verlorensten Winkeln Frankreichs öffentliche Schuttabladestellen, die zur Wiege von Kindern wurden, deren späteres Wissen sie zu Patriarchen bestimmte.

Wie seltsam sind solche Begegnungen menschlicher Schicksale, die einen Fremden zum Bruder und einen Bruder zum Fremden werden lassen! Wenn ich an jenen Wintertag zurückdenke, an dem ich in Begleitung von Hartiss dem alten Biglia begegnete, so erinnere ich mich meiner sofortigen Gewissheit über die – verglichen mit meiner eigenen Existenz – völlig anderen Daseinsform dieses Mannes. Mit entblösstem Oberkörper kniete er in einem der beiden Quadrate, die zusammen ein vollkommenes Rechteck bildeten; innerhalb des zweiten Quadrats hatte er seine geometrischen Figuren plaziert. Ich wusste, dass er Dinge kannte, die mir fremd waren, da er – weit entfernt von unserem «Wissen» – aus anderen, der Wahrheit näheren Quellen schöpfte. Auch mir sollten in der Folge diese Quellen nicht verborgen bleiben, doch musste ich zuerst sehen und lieben lernen, um deren Rhythmus erfassen zu können.

Heute ist dieser Rhythmus auch der meine, doch fand ich den Zugang erst, nachdem ich mich sechzehn Jahre später in Monans Sartoux, einem kleinen Dorf in der Provence, der Sippe von Grinna Mélatti anschloss. Sie errichtete hier ebenfalls einen ‹Garten›. Beide Gärten – sowohl jener in Vanves als auch diese in den Jasminfeldern der Provence gelegene Stätte – sind nach demselben Prinzip konstruiert worden. Im Gegensatz zu Biglia, der stets kniete oder sich nach der Art eines Schriftgelehrten niederhockte, blieb Grinna innerhalb ihres Gartens stets aufrecht stehen; die ebenfalls blau und rot bemalten geometrischen Figuren waren aus Holz gearbeitet. Im übrigen wurde das Gelände des Gartens durch ein geflochtenes, violett gefärbtes Bastband abgegrenzt, das von ungefähr zwanzig Zentimeter hohen Schilfrohrschäften getragen wurde. Die geometrische Form beider Gärten war gleich, doch unterschieden sie sich in ihren Massen und Abgrenzungen. Da ich später meinen eigenen Garten ausgemessen habe, sind mir die Grundregeln dieser Konstruktionen nicht mehr fremd.

Am 17. August 1957 begriff ich die Bedeutung des Gartens; an diesem Tag wurde mir das grosse Geheimnis des Nichts zuteil.

Ich war damals mit meinem zehnjährigen Sohn Alain in

einem alten, als Wohnwagen ausgestatteten Citroën B2 unterwegs, um nach Zigeunern zu suchen. Wir hatten uns nicht unvorbereitet auf den Weg gemacht, und der von John Peter Bollens, einem befreundeten Gaukler, gezeichnete Plan führte uns zu dem Ort, an dem wir die Sippe von Grinna Mélatti finden sollten.

Während mein Sohn mit den Kindern spielte, entdeckte ich den Garten der Grinna. Er befand sich auf der anderen Seite des Grabens, der, ungefähr fünfzig Meter von den Wohnwagen entfernt, das Gelände der Pferde begrenzte. An der höchsten Stelle der Böschung war er auf brandgeschwärztem Boden abgesteckt worden; seine geometrischen Formen sowie die farblichen Kontraste schienen mir wohlbekannt. So war ich keineswegs erstaunt, als ich die Hand Grinnas auf meiner Schulter spürte.

«Und?» fragte sie.

«Er ist grösser als der andere.»

«Welcher andere?»

«Der Garten von Biglia».

«Der alte Biglia in Vanves?»

«Ja.»

Erstaunt fuhr sie fort: «Und hat er dich nicht fortgejagt?»

«Nein, warum hätte er mich fortjagen sollen? Ich war in Begleitung von Hartiss.»

«Hast du ihm keine Fragen gestellt?»

«Nein, das wäre wohl nutzlos gewesen. Zudem habe ich gar nicht daran gedacht.»

«Möchtest du nicht mehr darüber wissen?»

«Nein. Ich bin ja kein Zigeuner.»

Noch heute entsinne ich mich des Lachens von Grinna, das mir unter der heissen provenzalischen Sonne Leib und Seele wie ein Mantel umhüllte.

«Bewege dich nicht, bevor ich dir rufe. Wenn ich dir aber rufe, so halte deine Arme fest an den Körper angeschlossen. Bewege nur deine Beine!»

Mit diesen Worten überschritt sie flink die Abgrenzungen ihres Gartens. Die Sonne stand hoch, und wie ich mich erinnere, warfen die Bäume nur spärliche Schatten.

Grinna gab mir ein Zeichen, und ich überschritt die seltsame Abgrenzung. Von diesem Ausflug in jenes kleine, auf riesigem Feld abgesteckte Grundstück blieb nicht die geringste Erinnerung in meinem Gedächtnis zurück. Man musste mich von dieser Tatsache erst überzeugen, doch habe ich in bezug auf dieses Ereignis tatsächlich keinerlei Erinnerungsvermögen. Irgend etwas Unbekanntes hatte mir drei Stunden meines Lebens geraubt.

Dennoch schien ich von einer seltsamen Kraft erfüllt, und das Lächeln Grinnas, das mir beim Übersteigen der umzäunten Pferdeweide auffiel, berührte mich wie eine fremde, unerklärliche Zärtlichkeit.

«Du bist gut ‹gereist›», sagte sie zu mir. «Eines Tages wirst du verstehen lernen.»

Ich hatte Mühe, meinen Sohn zu erkennen, der sich mitten im Lager aufhielt und meine Abwesenheit nicht bemerkt zu haben schien.

Einige Tage später, auf dem Rückweg nach Paris, fiel mir auf, dass ich während der Fahrt oft über diese spurlos ‹entschwundene› Zeit nachdachte. Vergeblich rief ich mir dabei die Tatsache in Erinnerung, dass uns auch der Schlaf das Bewusstsein raubt. Ich wusste damals nicht, dass mich diese drei Stunden dem Geheimnis näher gebracht hatten und dass ich eines Tages in einem selbstkonstruierten Garten ‹auf Reisen› gehen würde, die mich zu den Gebetsteppichen des Islam, in die Gärten des Zen und zur alten Legende vom fliegenden Teppich führen sollten. Dadurch eröffnet sich dem Menschen eine besondere Form der aussersinnlichen Wahrnehmung, die sich ausserhalb des Gartens als geistige Energie manifestiert; er ist gleichzeitig Pfeil und Bogen, Wurf und Ziel, und wird so in seiner Daseinsform zu einem unzerstörbaren Ganzen in diesem Universum voller beklagenswerter Elementarteilchen.

Bild 1, 2, 3: Übungen zur Zweiteilung des Blicks. Auf diese Weise können die Bildtafeln in den Gärten der Einweihung rein visuell übereinandergeschoben werden. (Photo: Y. Descubes)

Die Materie verbindet sich mit dem Geist und wird damit zum Denkprozess. Vom Atem des Kosmos durchdrungen, führt dieses Denken zur Erkenntnis.

Ich kenne Söhne afrikanischer Zauberer, deren Vorfahren zur Errichtung ihrer ‹Gärten› einen Kreis in der Mitte einer zur Einweihung geeigneten Lichtung zogen. Wie Wachhunde umzingelten Giftschlangen das Heiligtum, und nur die Zauberer selbst, die sich mit den Reptilien verständigen konnten, hatten zu bestimmten Zeiten Zutritt. Zu einem genau festgelegten Zeitpunkt öffnete sich dieser todbringende Kreis ein wenig, um jene eintreten zu lassen, die um diese Stätte der Begegnung wussten. Nur wenige Auserwählte durchschritten diese kurzfristig geöffnete Pforte, um in jene Sphären zu gelangen, die der breiten Masse stets verschlossen bleiben.

Dieses Buch ist keineswegs das Werk eines Gelehrten, denn mit meinen fünfundfünfzig Jahren bin ich immer noch wie ein Kind, das allein in einem Wald herumirrt. Dieser Wald aber spricht zu mir, ich verstehe ihn und atme seine Luft ein, ich begegne hier Menschen, die wie ich den Weg suchen, der sie zum Ziel ihres Strebens führen soll; die Lichtungen dieses Waldes sind Blendwerk, und einige davon bilden Kreuzpunkte zweier Wege. Selbst die Unbekannten, die man hier trifft, scheinen einem nahezustehen, und das Herz wird von einem Gefühl des Wiederfindens erfüllt. So erging es auch mir bei meiner ersten Begegnung mit Dr. Encosse – Sohn des Papus – und Alexandro Jodorowsky.

Von den vielen, die möglicherweise denselben Weg beschritten haben, wissen diese beiden um das Geheimnis des ‹Gartens›. Die von ihnen angelegten Gärten unterscheiden sich von meiner Konstruktion durch ihren besonderen Aufbau; der eine schöpft aus den Quellen der Dunkelheit, während der andere das Spiel von Licht und Farbe zur Wirkung bringt. Da es sich um Gärten des Geistes handelt, finden sich keinerlei flächenmässige Begrenzungen; dennoch führen sie zu jenen Kräften, die zur Erkenntnis gehören wie der Pfeil zum Bogen.

Ich habe bisher mehrere Gärten angelegt, und jeder einzelne

hat mir unbekannte Sphären eröffnet, deren Sinn mir ohne die Offenbarungen von Hartiss niemals klargeworden wäre.

Ich werde nur solche Systeme von Gärten aufzeigen, die dem Leser helfen mögen, über jene Grenzen, die auch mich zuweilen einengen, hinauszugelangen; er wird auf diesem Erdkreis, der sich den grossen Wahrheiten gegenüber verschliesst, freier leben können.

Auf den folgenden Seiten berichte ich ausschliesslich über Farben, dank deren Eigenschaft – im Sinne spezifischer Kräfte angewandt – Wahnsinn zu Weisheit, Verzweiflung zu Hoffnung, Hass zu Liebe und Elend zu Lebensfreude wird.

II
Die Gärten der Einweihung und die Farbe

Die folgenden Zeilen schliessen Dinge in sich, die tatsächlich stattgefunden haben. Ich möchte damit keinesfalls eine Gruppe von Menschen in den Ruf bringen, willenlos unbekannten, hier noch zu erläuternden Kräften ausgeliefert zu sein.

All die in diesem Kapitel aufgestellten Behauptungen technischer Art können im Labor sowie mit Farbfilmen verschiedener Pigmentbeschaffenheit nachgeprüft werden.

«Stimmt es, dass du hier schlafen wirst?»

Ich schaue ihn an: er hat in meiner Anwesenheit schon so vieles vollbracht, dass mich das, was er sich für heute abend vorgenommen hat, kaum mehr erstaunt. Es ist Ende November 1964, und das Wetter ist alles andere als mild. Es ist kalt. Wir befinden uns im Chor der Kirche von Saint-Germain-en-Laye, wo wir bei der berühmten von Ludwig XIV. gestifteten Kanzel beisammensitzen.

Am selben Morgen hatte man mir die Verantwortung für die Restaurierung der Kirche übertragen. Ich war Chefrestaurator eines Unternehmens geworden, das mich ursprünglich als Fliesenwäscher eingestellt hatte. Dem Inhaber der Firma waren Restaurationsaufgaben dieser Art völlig fremd, da ihn die urbane Bauerei unserer Zeit vollständig in Anspruch nahm; die gesamte Verantwortung wurde mir übertragen.

Auf schicksalshafte Weise öffnete sich mir somit erneut ein Weg des Abenteuers.

Wie weit war ich damals noch von den phantastischen Entdeckungen entfernt, die mich nach und nach auf die Spur dieses mir unbekannten Gesetzes bringen sollten; das Gesetz der ‹funktionellen Farbe›.

Unter der Leitung von Hartiss – meinem geistigen Vater und Bruder – habe ich ein Jahr lang das Verständnis der Umwelt zu wecken versucht. Mein Spiel mit der Farbskala zog den Unmut der Pariser Schule auf sich und hatte zur Folge, dass sich gewisse Architekten, der Direktor des Kulturzentrums und der Arbeitsausschuss gegen mich stellten. Ich hatte, von Hartiss geführt, die Kirche mit den magischen Farben alter, eingeweihter Zigeunersippen bemalt.

Zum Zauberlehrling geworden, sah ich mich von Leuten umgeben, deren Vernunft in bezug auf dieses Bauwerk zu schwinden schien. So bot mir eine etwas verschrobene alte Jungfer ihre gesamten Ersparnisse an, falls ich die im Stil alter Holzstatuen restaurierte St.-Josephs-Figur wieder mit Kleidern aus der Zeit Ludwigs XIII. ausstatten würde, während eine Nachfahrin Jakobs II. von England verlangte, dass ihr allfällig geplante Änderungen am hiesigen Grabmal ihres Vorfahren schriftlich zu unterbreiten seien.

Dem ehemaligen Fliesenwäscher wurde klar, dass sich die einst von Sandra und Hartiss gestellten Prophezeiungen zu bewahrheiten begannen.

«Du wirst unterweisen und Dinge vollbringen, die du nie zuvor gelernt hast.»

«Du wirst dich gegenüber allen behaupten, wenn du deine ganze Kraft auf Schönheit, Vollkommenheit und Liebe richtest. Du wirst siegen.»

Ich habe diese Kirche tatsächlich geliebt, zweifellos auch deshalb, weil sic hässlich war und ich das undeutliche Gefühl hatte, dass ich ihr ein neues Inneres würde verschaffen können, das dem Besucher Ruhe und Entspannung zu bringen vermag.

«Die Gotteshäuser», so meinte Hartiss, als er sich in unserer Kirche einschliessen liess, um darin zu nächtigen, «waren einst Rastplätze der Nomaden und Alten. Heute werden die Türen verschlossen, und nur den Statuen gewährt man Obdach. Früher galten sie als wahre Häuser der Freiheit, doch selbst die Kirche von Saintes-Maries-de-la-Mer bleibt nach Einbruch der Nacht leer und geschlossen. In der Krypta wacht ‹Sara la Kali› nicht mehr über den Schlaf der Rom-Zigeuner die sich aus allen Himmelsrichtungen kommend, hier zusammengefunden hatten. An die Stelle der Geistlichen trat die Beamtenschaft; der Bürgermeister gilt in seiner Gemeinde als ebenso unantastbar wie der Pfarrer in der Kirche, und beide benutzen die Polizei als Wachhunde. So ist der Mensch: er schafft, um zu zerstören. Ich denke dabei nicht an Menschen wie wir, sondern an jene, zu denen auch du gehört hast, ehe du zu uns gestossen bist. Seit unsere Vorväter zu wandern begonnen hatten, mussten wir uns stets gegen eine uns feindlich gesinnte Übermacht verteidigen und auch dich mussten wir lehren, wie man sich deinesgleichen zu erwehren hat. Wenn du auf jenen Mann, der dich als Handlanger angestellt hat, nicht den ‹Blick› ausgeübt hättest, so wärst du heute nicht Chefrestaurator seines Unternehmens.

Dieser Gewinn an Lebensfreude ist nur möglich, weil du, wie wir, den Hass und die Eifersucht deiner Umwelt bewusst nicht wahrnimmst. Nicht wahrnehmen wollen heisst sich verstellen, und das ist für einen Zigeuner immer vorteilhaft, Pierre, nicht so zu erscheinen, wie er wirklich ist. Wer vorgibt, unwissend zu sein, zieht aus jenen, die ihn verachten, Vorteile, denn wer verachtet, muss oft auch vernichten. Solche Menschen sind hochmütig, und ihr Hochmut ist wie der Zorn ein offenes Tor zur Dummheit. Mach dir dies zu Nutzen, denn die Menschen ausserhalb unseres Kreises sind für uns immer nur eine Art Hilfsmittel. Der Weise aber beurteilt ein Hilfsmittel stets nur aus dem daraus gezogenen Nutzen.

Wie alle anderen Schmiede verwendet auch der Kalderas-Zigeuner zur Härtung des Metalls Feuer und Wasser, doch ist er wohl der einzige, der auch sein Handwerkzeug – also seine Hilfsmittel – stählt. Er hütet sein Geheimnis seit über zweitausend Jahren; wieviele Geheimnisse vergangener Generationen sind deinen Mitbrüdern geblieben? Kein einziges! Sie haben sogar ihr Wissen um das Geheimnis der magischen Farben verloren, und das durch die Glasfenster der Kathedralen verwandelte Tageslicht ist für sie längst kein Quell mehr, in den man eintauchen kann.

Wir aber haben das Geheimnis der Farben nicht vergessen, und auch du wirst bald mehr darüber erfahren. Farben können den Menschen auf den Weg des Friedens, des tödlichen Kampfes, der Sanftmut und der Gewalt bringen; du wirst dies bald selber feststellen, falls du dich von diesen Kräften, deren Geheimnis ich kenne, führen lässt. Übrigens ist uns diese Gegend hier seit Jahrhunderten bekannt. Seit dem Mittelalter versammeln sich die Fahrenden im Wald dieser Stadt zum Fest der

Geheimbünde. Noch heute kommen die Nachfahren der Possenreisser und Gaukler vergangener Zeiten, doch Seiltänzer, Tiger, Löwen, Ziegen und Affen sind verschwunden. Der goldene Löwe aber, der die Kanzel dieser Kirche stützt, von der aus eure Priester predigen, hütet noch heute die von den Bärenführern jener Tage hinterlassenen Botschaften. Komm, wir sind allein, ich zeige sie dir!»

Er erhob sich und führte mich auf die andere Seite der von einem hölzernen Löwen getragenen Kanzel. Hier zeigte er mir ein loses Parkettstück, hinter dem sich eine Höhlung verbirgt; ich entdeckte mit Banknoten gefüllte Zigarettenpäckchen, vier durchbohrte, auf einen Eisenring gereihte Louisdor und eine grosse, mit blonden und rabenschwarzen Haaren vollgestopfte Schweinsblase.

«Warum enthüllst du mir dieses Geheimnis, Pietro?»

«Denk darüber nach!»

Als ich darauf keine Antwort wusste, legte er seine Hand auf meine Schulter und sagte:

«Wenn du einem Mann ein Bein abhackst, kann er nicht mehr gehen. Er kann sich nur noch mit dem einen übriggebliebenen Bein hüpfend fortbewegen, und das behindert und erschöpft. Um weit gehen zu können, benötigt er beide Beine. Wenn ich dir das Geheimnis dieses Verstecks nicht offenbart hätte, wäre mein Gewissen nicht ruhig. Ein Mann, der einen anderen etwas lehrt, muss alles, was er weiss, offen darlegen, denn nur so stehen dem Lernenden schlussendlich beide Beine zur Verfügung. Hast du mich verstanden?»

«Ich habe verstanden, mein Lieber, ich habe verstanden.»[1]

So hatte das Schicksal bestimmt, dass diese Kirche, die den Fahrenden einst als ‹Bankhaus› diente, unter dem Zeichen alter heidnischer Zauberer restauriert werden sollte. Der Zufall scheint gelegentlich auf Zusammenhängen zu beruhen, die uns fremd sind und deren Dimensionen wir erst dann ermessen können, wenn sie greifbar vor uns stehen.

Drei Tage später errichteten die Monteure eine verstellbare, auf einem neun Meter hohen Eisengerüst gelegene Plattform.

Wie Hartiss mir geraten hatte, sorgte ich dafür, dass die Zugangsleitern beinahe senkrecht angebracht wurden und dass die Zwischenplattformen jeweils eng und freihängend waren. Auf diese Weise sollten die Architekten vom Besteigen der Arbeitsplattform abgehalten werden.

Dieses Vorgehen erwies sich als äusserst wirksam. Innerhalb eines Jahres bestieg der Inhaber des Unternehmens das Gerüst vierzehnmal, während die beiden Architekten ihren Gehilfen schickten, der sich nur zweimal auf die Plattform hinauf wagte.

«Warum willst du denn nicht, dass sie die Plattform besteigen?»

Wir hatten uns gerade in luftiger Höhe niedergelassen, als ich Hartiss diese Frage stellte. Unten in der Kirche wurde gerade eine Bestattungsmesse zelebriert, und lautes Orgelspiel übertönte das Brutzeln der Würste in unserer Bratpfanne.

«Und das Geheimnis? Wie willst du etwas im geheimen vollbringen, wenn jedermann zum Ort deiner Tätigkeit Zutritt hat? Erinnere dich an den Garten von Biglia in Vanves oder an jenen der Grinna Mélatti in der Provence. Rufe dir diese beiden Gärten in Erinnerung, denn die Zeit ist nahe, in der du deinen eigenen Garten errichten wirst. Doch bevor du mit dem Werk beginnst, muss der Pfeil von der Sehne, die ihn antreibt, und vom Bogen, der ihn trägt, befreit werden. Diese beiden Dinge musst du in dir vereinen, Pierre, um jene besiegen zu können, die deine Feinde sind.»

Über die Kochstelle gebeugt, die Bratpfanne in der Hand, schaute er mir tief in die Augen. Auf der Orgel spielte Marie-Claire Alain ein klassisches Requiem.

«Bist du dir darüber im klaren», fragte ich, «dass diese Frau eine der grössten Organistinnen Europas, ja vielleicht der ganzen Welt ist?»

«Mein Kleiner», begann Hartiss erneut, «hast du die Grösse dieses Augenblicks, in dem du in einer Kirche Nahrung zu dir nimmst wie in deinem eigenen Haus, wirklich erfasst? Zwei Jahrhunderte sind vergangen seit jene Menschen gelebt haben, deren Werk du zu erneuern beginnst. Auch sie haben hier oben über ihr Werk nachgedacht. Hier hatten sie ihre Eingebung und auch du wirst eines Tages aus deinem ‹Garten› zurückkehren und an dieser Stelle dasselbe Erlebnis haben.

Ein Mann hat während all der Restaurationsarbeiten in treuer Freundschaft zu mir gehalten: Martine. Er restaurierte die Fresken von Amaury Duval, und selbst dann, als alle gegen mich waren, ist er immer still und freundlich geblieben. Dieser Mann stammte aus einer anderen Zeit; ehe er urteilte, versuchte er stets zu verstehen, wobei er nicht nur das Werk allein, sondern jeweils auch den Geist des Urhebers zu erfassen suchte.

Er bildete zusammen mit dem städtischen Architekten Manuel und dem Bürgermeister eine Art Gremium, das mir die glückliche Vollendung meiner Arbeit ermöglichte. Ich möchte auch an dieser Stelle für die mir gewährte Unterstützung danken.

Diese Kirche ist möglicherweise die einzige der Welt, die streng nach dem Prinzip einer ‹Farben-Alchemie› ausgeschmückt worden ist.

«Pierre», sagte der Alte am Vorabend des Tages, an dem ich den Architekten meine ersten Farbmuster zu präsentieren hatte, «eine Kirche ist nicht unbedingt eine Stätte des Gebets. Für den, der nicht betet, wie für mich beispielsweise, ist sie auch ein Ort der Ruhe, wo sich unsere körperliche Hülle in Erwartung der geistigen Freuden nach und nach aufzulösen scheint. Diesem Bauwerk, in dem wir uns befinden, wohnt allerdings nicht die Kraft der Kathedralen inne, weil sein Entstehen nicht mehr vom Geist der alten Meister getragen wurde; die Hersteller moderner Wohnwagen haben von ihrem ursprünglichen Handwerk ja auch keine Ahnung mehr. Der ‹Fortschritt› hat dieses Verständnis ebenso verdrängt wie das Automobil die Pferde. Bis in hundert Jahren wird sich kaum ein Mensch mehr mit Pferden verständigen können. Diese Kirche hier spricht nur die Sprache der Priester und Christen; wenn du bei deiner Arbeit aber so vorgehst, dass das Bauwerk von allen verstanden wird – vor allem aber von jenen, die nicht beten – so wirst du ein wahrhaft menschliches Werk vollbracht haben, das der Allgemeinheit und nicht nur einigen Privilegierten dient.»

Dies alles ist stärker als ich. Ich betrachtete den Alten, und ich fragte mich, was aus ihm geworden wäre, wenn ihn das Schicksal nicht zum Zigeuner, sondern zum ‹Gadjo› bestimmt hätte. Wäre er Wissenschaftler, Politiker, Advokat? Ich sehe ihn hinter seinem Schnurrbart lächeln.

«Weisst du, was ich denke, Pietro?»

«Du erinnerst dich, dass ich dir versprochen habe, nicht mehr deine Gedanken zu lesen, Pierre. Dennoch weiss ich manchmal, was du denkst, und über deine Überlegungen bin ich sehr glücklich.»

Wenn er auf diese Weise zu mir sprach, wusste ich nie, was ich antworten sollte.

«Ich dachte, dass du gewiss grosse Dinge vollbracht hättest, wenn du nicht als Bohémien geboren worden wärst.»

«Du irrst dich, Pierre. Ich hätte nie etwas anderes getan als du, auch wenn wir uns nie begegnet wären. Du und ich, wir sind Brüder, nicht nur in unserer Lebensweise, sondern auch in jenen Dingen, die uns voneinander unterscheiden; wir haben unsere Existenzen verbrüdert, und diese Kirche, beispielsweise, wird letzten Endes nur die Synthese von deinem und meinem Wissen darstellen. Wenn ich ein Gadjo und somit wie du gewesen wäre, hätte ich dich nichts lehren können. Harmonie wird oft dadurch bewirkt, dass sich Gegensätze nicht bekämpfen, sondern vereinen.»

«Du hast immer das letzte Wort!»

«Das letzte Wort, Pierre, wird nie ausgesprochen werden, denn jedes einzelne Wort ist nur eine Stufe jener gewaltigen Treppe, die zu dem führt, was ein Mensch nie erreichen wird: zur Vollkommenheit. Selbst die Priester dieser Kirche weisen unbewusst die Vollkommenheit des ‹Kristo› von sich, indem sie die Verfluchung des Judas weitererzählen. Ich glaube, Pierre, dass ich, ohne jemals zu beten, ‹Kristo› mehr Ehrfurcht entgegenbringe. Ich kann und will es nicht glauben, dass ‹Kristo› jemals einen Menschen verflucht hatte. Die Erfinder dieser Legenden haben aus Unwissenheit seine Ehre beschmutzt. Ein Mann, möglicherweise ein Erleuchteter, der sich für die zukünftige Menschheit opferte, hat niemals verflucht, denn die Verwünschung tötet die Liebe, und dieser Mann, Pierre, der hat geliebt.

Ich will dir nun das Geheimnis der Farben anvertrauen: Der Mensch hat nie ein wirkliches Weiss herstellen können. Selbst das reinste Weiss des Porzellans erscheint dir gelblich oder graustichig, sobald du den Gegenstand in den Schnee legtst. Der Ausdruck ‹weiss wie Schnee› ist trügerisch, da der Schnee in der Vollkommenheit seiner Farbe vom Menschen ebensowenig nachgeahmt werden konnte wie das Schwarz der Kohle. Alle Farben finden sich in der Natur; der Regenbogen entsteht durch das Licht, und die ersten von den Menschen benützten Farben stammten aus dem Boden. Damals bedeuteten sie noch Licht und Frieden. Ihr aber habt vergessen, dass das Blau der Türkise und das Braun des Erdbodens zusammen eine beruhigende Wirkung ausüben. In diesen beiden Farben sollst du die Decke dieser Kirche bemalen, auf dass alle, die hier eintreten, ihr Angesicht erheben mögen, um Frieden zu finden. Höre auf meinen Rat und verwende bei der Bemalung dieser Decke nicht zuviel Weiss und auf keinen Fall Schwarz. Beide Farben sind dazu ungeeignet. Nur die Gadjos bemalen ihre Zimmerdecken weiss, aber das Weiss ist nicht die Farbe der Ruhe, sondern des Todes. Sagt man nicht ‹weiss wie ein Toter›? Schwarz ist die Farbe der Trauer; verwende es hier keinesfalls, denn es bringt stets Kummer».

«Aber, Hartiss, die Architekten baten mich, die ursprünglichen Farben der alten Bemalung – Hellblau und Ockergelb – wiederaufleben zu lassen.»

«In diesem Fall musst du die Architekten hinters Licht führen. Sie werden es nicht wagen, dieses halsbrecherische Gerüst zu besteigen, um deine Arbeit zu kontrollieren, falls sie schon am Boden von der Ruhe dieser Farben erfasst werden. Auf, mach dich ans Werk!»

An diesem Tag ging Pietro fort und liess mich mit meinen Farben allein. In der Kapelle Saint-Vincent-de-Paul hatte ich ein Atelier eingerichtet, und dort stellte ich die beiden Farben her, mit denen die Zigeuner das Äussere ihrer Wohnwagen bemalen.

Die Decke wurde mit folgender Farbmischung gestrichen:

Natur-Siena
Gebrannte Siena
Kasseler Erde

Der daraus resultierende Farbton nannte ich ‹Córdoba-Braun›. Um ein bestimmtes Blau zu erzielen, das, zwischen die einzelnen Teile des Fachwerks gestrichen, eine gewisse Tiefenwirkung vermittelt, vermischte ich Kobaltblau und Kasseler Erde. Die so erhaltene Farbe nannte ich ‹Portugiesisch-Blau› und verwendete sie an Stelle von Schwarz, das ich vollständig von meiner Palette verbannt hatte. Mit schmalen altgoldenen Leisten verziert, vermittelte das Ganze einen Eindruck tiefster Stille. Bei ihrem ersten Besuch glaubten die Architekten, dass ich die ursprünglichen Farben wiederverwendet hätte, und brachen in Begeisterung über jenen alten Meister aus, der vor hundertfünfzig Jahren eine derartige ‹Harmonie› zustande gebracht hatte. Solange wir an der Decke arbeiteten, befürchtete ich stets, dass eines der Kommissionsmitglieder an irgendeiner Stelle den alten Belag hervorkratzen würde, um sich von der Identität der Farben – und der Redlichkeit meiner Beteuerungen – überzeugen zu können. Das steile Gerüst hat jedoch alle vor Versuchen dieser Art abgeschreckt. So wurde die Decke dieser Kirche in jenen Farbtönen bemalt, wie sie die Zigeuner verwenden, um den Zorn der Polizei möglichst fernzuhalten. Der Geist des Menschen, so lehrte mich Hartiss, reagiert nicht nur auf die Form, sondern auch auf die Farbe des von ihm beobachteten Gegenstandes; gewisse Farben wirken wie eine Liebkosung, andere wie ein Schlag ins Gesicht.

Die für die Bemalung der Gewölbe verwendeten Farben sind nach meinen Anweisungen in einer Fabrik hergestellt worden. Um mich über die weiteren Schritte unseres Unternehmens zu unterrichten, führte mich Hartiss in den benachbarten Wald, in dem einst seine Vorväter ihr Lager aufgeschlagen hatten.

«Ich begreife nicht, warum du mich mitten in den Wald führst, um mir das Geheimnis der Farbenwahl zu offenbaren.»

«Ich werde dir kein Geheimnis offenbaren. Das wäre allzu leicht. Ich will dir nur helfen, dieses Geheimnis zu entdecken, denn die Entdeckung bringt jenen, die mit Leidenschaft suchen, Freuden, die sie nie gekannt hätten, wenn ihnen die Dinge vorher offenbart worden wären. Und ich will, dass du diese Kirche liebst.»

«Aber, Pietro, du weisst, dass ich alle Dinge, mit denen ich mich beschäftige, liebe.»

«Denk daran, Pierre, dass das Werk, das du hier begonnen hast, mehr als ein Jahrhundert überdauern wird; Millionen von Menschen werden unter dessen Einfluss stehen. Ja, der Anblick der von dir verwendeten Farben wird Millionen in ihren Bann ziehen, so wie es Milliarden bei den Fenstern der Kathedrale von Chartres erlebten.

Wie viele Glaskünstler haben seit jenen Tagen ihr Geheimnis mit ins Grab genommen? Sehr wahrscheinlich nur einige wenige, denn das Geheimnis stirbt eher, als jene geboren werden, die es empfangen können. Du wirst der einzige sein, der dieses Geheimnis ‹erlebt›, da du mit ihm arbeiten wirst. Hüte das Geheimnis nicht für dich allein, falls es dir nützlich scheint, und höre auf jenen Mann, der die Fresken restauriert; er stammt aus einer anderen Zeit, und was er weiss, wird dir zum Vorteil gereichen! Lies auch über das Leben der Heiligen, deren Kapellen du restaurieren wirst. Diese Gottesmänner waren Menschen, und die von den Gadjos errichteten, mit Bildnissen geschmückten Kapellen sind eigentlich nichts anderes als deren Häuser.

Vergiss Worte wie ‹Kirche und Heiliger› und setze an deren Stelle ‹Haus und Mensch›, auf dass sich alle in diesem Gebäude wohlfühlen.

Ich habe in deiner Arbeitsgruppe Spanier und Araber gesehen und die Achtung bemerkt, mit der sie dieser Kirche, ihrem Arbeitsplatz, begegnen. Wie du weisst, sind die Spanier in deiner Gruppe Kommunisten und die Araber Angehörige eines fremden Glaubens; wähle unter ihnen jeweils einen Mann aus, und du wirst nicht mehr allein sein. Gute Dinge können nur unter harmonischen Verhältnissen geschaffen werden, und diese beiden Männer werden dir Beistand leisten. Achte darauf, dass sie beim Mischen der zur Bemalung der Mauern bestimmten Farben stets dabei sind. Ihre Solidarität wird dir eines Tages nützlich sein, im besonderen, wenn du sie an allen von dir ausgeführten Arbeiten teilnehmen lässt.

Gut, schau dir nun diesen Baum an und zähl mir die Farben auf, die du zu seiner Darstellung benötigen würdest.»

«Vier.»

«Du bist etwas schnell!»

«Das bringt mein Beruf mit sich.»

«Eingebildeter Mensch! Was sind das für vier Farben?»

«Gelb, Blau, Schwarz und Weiss.»

«Auf keinen Fall Schwarz, Pierre! Nur Weiss ist lebensträchtig.»

«Gut, so verwende ich eben Kasseler Erde.»

«Das ist gut; wenn du eines Tages bei der Zubereitung grüner Farbe eine dunklere Tönung wünschst, so denke an die farbige Erde.[2] Wie viele verschiedene Grün gibt es an diesem Baum?»

Ich war verblüfft. Vor meinen Augen bewegten sich die unzähligen Blätter, und wie Blitzlichter strahlte hier und dort die Sonne duch das schattige Laubwerk.

«Ich glaube, ich benötige fünf verschiedene Grüntöne, um diesen Baum darstellen zu können.»

«Es handelt sich um eine Eiche.»

«Und?»

«Hast du an eine Eiche gedacht, Pierre?»

«Nein!»

«Gut, schau sie dir nochmals an und sage mir, wie viele Grüntöne du siehst.»

Ich nehme Notizbuch und Bleistift hervor, um mir entsprechende Aufzeichnungen zu machen. Nachdem ich das Farbenspiel genau beobachtet und meine Überlegungen zu Papier gebracht hatte, sagte ich:

«Ich sehe jetzt sieben verschiedene Grüntöne.»

«Das ist normal. Du hast dich an den Begriff ‹Eiche› gehalten und entsprechende Schlüsse daraus gezogen. Wenn du die Kapelle des Joseph – des Vaters von ‹Kristo› – gestaltest, so musst du stets daran denken, dass er ein Zimmermann war. Auch im Falle des Vinzenz von Paula musst du dich mit dessen Person identifizieren; nur so wird deine Arbeit befriedigend ausfallen. Alles andere wäre sinnlos.

Im übrigen, mein Sohn, ist die Zeit gekommen, wo du zum Wohle harmonischer Schaffenskraft einen eigenen ‹Garten› besitzen solltest. Er allein wird dich ohne die Mithilfe angelernter Weisheit zu den natürlichen Quellen führen; du bist klein, Pierre, ganz klein, und selbst wenn du, wie ich, lesen und schreiben kannst, so ist alles, was du denkst an fremde, bereits bestehende Überlegungen gebunden.

In deinem ‹Garten› wirst du die Wahrheit ergründen. Sie wird unzerstörbar sein, da sie Ausdruck deiner selbst ist; Ausdruck eines besonderen Menschen, der wie ein Wolf schnüffeln, wie ein Rabe horchen und wie eine Ratte handeln wird. Diese drei Tiere werden von den Menschen nicht geliebt. Würde man sich jedoch darum bemühen, den Instinkten dieser Kreaturen nachzuleben, so wäre die Menschheit um einiges weitergekommen. Der Mensch wäre wahrhaftiger, grösser, so wie er am Anfang seiner Tage war, als er wie der Wolf, wie die Ratte und der Rabe lebte. Was immer du später auch tun wirst, denke stets daran, dass diese drei Kreaturen – nebst der Katze – für die Lebensweise des ‹Kaku› von grosser Bedeutung sind. Ich werde dir diese Dinge ein anderes Mal erklären. Heute wirst du deinen ‹Garten› errichten. Setz dich hierher!»

Er zeigte mit der Hand auf einen kleinen, mit kurzem Gras bewachsenen Hügel, der sich wie ein Sessel unter einer Eiche erhob.

«Ich mache es wie Ludwig der Heilige.»

«Wer ist das?»

«Ein französischer König, den du nicht kennst.»

«Ein König, der sich am Stamm einer Eiche ausruht, ist ein ‹Eingeweihter›, Pierre. Die Eiche ist dem Menschen nützlicher als der Lorbeerbaum; du wirst das verstehen, sobald ich dich über die Bewegungen der Bäume unterrichtet habe. Alles bewegt sich; die Bäume, die Menschen und die Gestirne.»

Mit diesen Worten entnahm er seiner Tasche einen Knäuel violetten Fadens, vier Zeltpflöcke sowie unterschiedlich geformte, halb rot, halb blau bemalte Blechstücke. «Das sind die Blumen deines Gartens», sagte er mit einem Lächeln und legte sie vor meine Füsse. «Es sind besondere Blumen, deren äussere Beschaffenheit sich allein in der Bewegung offenbart.»

«In der Bewegung?»

«Ja, diese Bewegung, die du bald selber bewerkstelligen kannst und deren Farbenspiel dir den Sinn dieser Konstruktion offenbaren wird.»

Über uns bewegte der Wind das frühlingsfrische Laub der Eiche. Pietro setzte sich neben mich, so dass wir nun beide den Stamm des Baumes als Lehne benutzten. Er ergriff meine Hand und sagte:

«Ich erinnere mich noch gut an jene Zeit, als du mich Lesen und Schreiben lehrtest. Damals, Pierre, verlor ich einen Teil meines Instinkts, doch fand ich unter all den Brüdern, die mir dein Wissen hätten näher bringen sollen, ein Werk, das mich die Quellen, aus denen der Verfasser geschöpft hatte, erkennen liess. Diese Quellen, mein Kleiner, befinden sich in jenem ‹Garten›, der dir – wie du sagst – drei Stunden deines Lebens geraubt hat; er hat dich aber zu Erkenntnis geführt! Das erwähnte Werk war ein Märchenbuch für Kinder, und unter all den Erzählungen befand sich eine wahre Geschichte, von der die Menschen glauben, dass sie erfunden sei. Der Mensch bezeichnet die Legenden seiner Kindheit als Aberglauben, da er gewisse Wahrheiten nicht erfasst. Denk an den mordenden Blaubart, der dich als kleinen Knaben vor Angst nicht schlafen liess. Du hast es mir selber erzählt. Erst als Erwachsener hast du die Geschichte von Gilles de Rais, dem Begleiter der heiligen Johanna gehört, der wegen zahlreicher Kindsmorde enthauptet worden war. Die Legende hatte hier aus der Wahrheit geschöpft, und nur die ‹Wissenden› konnten schicksalhafte Zusammenhänge entdecken. Hinter all dem Märchenhaften, das der Tarnung gewisser Wahrheiten dient, befindet sich eine Kraft, die, bereits im Herzen des Kindes ruhend, auch auf dessen Geist einwirkt. Unter all den Kindern, die solche Legenden lesen, befinden sich einzelne, die als Erwachsene zu deren Quellen zurückkehren, um Erkenntnis zu finden. Selbst ‹Kristo› hat sein Leben lang Geschichten, sogenannte Gleichnisse erzählt, und unsere Alten tun am nächtlichen Lagerfeuer dasselbe. Doch wessen Herz wird von den Worten unserer Vorfahren noch erfüllt? Einst hat man mir die Geschichte vom fliegenden Teppich erzählt, ein Märchen, das ich in euren Kinderbüchern wiedergefunden habe. Diese Geschichte hat ihren Ursprung in den ‹Gärten› der Zigeuner; in denen von Biglia, von Grinna oder in deinem eigenen, den du nun errichten wirst. Anders als bei einem gewöhnlichen Teppich werden die Grenzen dieses ‹Gartens› von deinen eigenen Dimensionen bestimmt, und die blau und rot bemalten Metallstücke sind nur optische Fixierungspunkte, die dem, der um gewisse Praktiken weiss, eine Reise ins eigene Ich ermöglichen. Der fliegende Teppich führt das Kind in eine phantastische Märchenwelt, während dich der ‹Garten› über die Dinge unseres Daseins hinausführt und bewirkt, dass dich deine Mitmenschen nie vollständig kennen. Wie ich dir schon oft gesagt habe, wohnen zwei Menschen in dir. Vergiss nie, dass das erste für alle sichtbare Wesen nur eine Hülle ist, die dem zweiten, geheimen Menschen als Tarnung dient. So ist es bei uns allen, und nur das Tier lebt von der Geburt bis zum Tod seiner wahren Natur gemäss. Sein Charakter ist ihm von der ersten Stunde an unabänderlich aufgeprägt, und nur der Instinkt führt es jeweils zu seinem Ziel. Der Wolf unserer Tage lebt wie seine Artgenossen vor zehntausend Jahren, doch du, du lebst nicht mehr wie der Mensch jener Zeit. Du glaubst zu gehen, doch du kriechst, und die Schlange auf dem Boden kennt ihren Weg besser als du. In dir ist nichts als Unwissenheit, doch wenn du zu jenen Quellen vorzudringen weisst, aus denen deine längst vergessenen Vorfahren geschöpft haben, so wirst du deren Stärke und Instinkt wiederfinden. Du wirst jene bekämpfen können, die sich bald gegen dich stellen, da sie, aus grossen Schulen kommend, alles zu wissen glauben. Sie wissen aber nichts, da das, was sie Intelligenz nennen, ihren Instinkt und somit ihre Stärke getötet hat.

Der ‹Garten› wird dir Kraft geben, mein Kleiner, und mögen dir die dazu benötigten Mittel auch seltsam erscheinen, so sind sie dennoch sehr wirksam. Bald wirst du für kurze Zeit die zur Einweihung führenden Zusammenhänge erleben; du wirst alles, was du zu wissen glaubst, von dir weisen, um zu dem grossen Gesetz des Instinkts zurückzukehren. Diese geometrischen, zweifarbigen Figuren werden dich in Einklang mit allen Dingen bringen. Erinnere dich an das, was ich dir bis anhin gesagt habe. Die Harmonie entsteht aus dem Zusammenspiel der Gegensätze; Schwarz und Weiss ergeben Grau, doch findet sich diese Farbe auch im Grün, Rot, Blau und Gelb. Beim Betrachten dieses Grau bist du einem Kinde vergleichbar, das vom Wechselspiel zweier entgegengesetzter Farbtöne angelockt wird. All diese Dinge wirst du erst erfassen können, nachdem du wieder aus deinem ‹Garten› herausgetreten bist. Das wird deine Stärke sein; eine Stärke, die dich gegen all die Utopien gelehrter, auf tote Wissenschaften abgerichteter Leute ankämpfen lässt.»

Er stützte sich auf meine Schulter und erhob sich:

«Das erste Mass, das der Mensch kannte, fand sich in seiner eigenen Fährte; die Länge deines ‹Gartens› bestimmst du mit zwei Schritten, seine Breite mit einem einzigen Schritt. Dieses aus zwei Quadraten bestehende Rechteck versinnbildlicht die beiden in dir selbst vereinten Wesen. Das eine steht für die Überlegung, das andere für den Instinkt; dies ist der Bogen, jenes der Pfeil. Nachdem ich dich zu deinem ‹Garten› geführt habe, bist du ein Ganzes im Innersten der Erkenntnis. Wenn du in deinem ‹Garten› zu reisen verstehst, wirst du im Alltag die fettesten Brosamen vom Tisch des Reichen für dich zu ergattern wissen. Wie ein Pfeil, der sich selber zu lenken weiss, erreichst du sodann mit unvergleichlicher Genauigkeit das Ziel. Auf Grund deiner Lebensweise, die der Grundhaltung des Wolfs, der Ratte, des Raben und der Katze entspricht, wirst du vom irrationalen Instinkt geführt werden; diese wenig geachteten Wesen erschliessen dir eines Tages den Zugang zu dem vom Naturtrieb geleisteten Verhalten der Tiere, auf dass sich das eine zum anderen füge wie der Pfeil zum Bogen.»

Zwei Stunden später befand ich mich wieder in meiner Kirche. Mein Meister, der mir zugleich Vater und Bruder war, befand sich ebenso weit weg wie der von uns mitten im Wald errichtete ‹Garten›. Ich aber ahnte bereits die Tragweite meiner Aufgabe.

Hartiss war aus meinem Blickfeld verschwunden, und ich blieb mit der Suche nach den Farben und deren Einklang allein. Die Erfahrung mit dem Baum hatte mir unerwartete Perspektiven eröffnet, und ich fühlte undeutlich, dass die in jenem Garten errichteten Konstruktionen die Schatten im Innern dieser Kirche in strahlendes Licht verwandeln könnten. Ich wusste, dass mich Pietro nur deshalb allein liess, weil er mir das Wesentliche offenbart hatte.

Heute treten je nach Lichteinfall zweiunddreissig verschiedene Grautöne hervor, die aus einer Grundschattierung und folgenden Zugaben entstanden sind:

Natur-Siena

Rot-Ocker

! → Kasseler Erde

Indem ich die Wirkung des natürlichen Lichts benutzte, minderte ich jeweilen die Färbung bisher weisser Flächen oder hob sie hervor. Jede der gemalten Mauern war wie ein Baum; die Einheit eines Waldes besteht aus vielen unterschiedlichen Bäumen, und die einheitliche Farbgebung des Laubes ist in Wirklichkeit die Verbindung zahlreicher, vom Auge erfasster Farben. Das Grün eines Waldes im Frühling besteht aus vielen verschiedenen Grüntönen, und so bemalte ich die Mauern meiner Kirche nach dem Vorbild der Natur mit zweiunddreissig verschiedenen Grauschattierungen, genauso, wie wenn es sich um zweiunddreissig Bäume gehandelt hätte. Die Architekten und die Beauftragten des Arbeitsausschusses haben bis zum Abschluss der Arbeit die von mir angewandte Technik ebensowenig bemerkt wie die Männer von der Kunstakademie und der öffentlichen Denkmalpflege.

Sie bewegten sich in meiner Kirche, als ob sie sich in einem Zauberwald befunden hätten.

Nur meine beiden Freunde, Gasmi der Araber und Pedro der Spanier, waren jeweils bei der Einteilung der verschiedenen Farbtöne anwesend, und sie sprachen mit keinem Menschen über dieses Geheimnis; sie waren schweigsame Arbeitskameraden, die um die Dinge, die ich ausführte, wussten. Von Zeit zu Zeit stieg ich auf die Plattform, wo Martine die Fresken restaurierte, und oft zündete im Verlauf unserer Gespräche ein Funke, der mich zu meinen Lösungen im Rahmen dieser Aufgabe inspirierte. Zwischen diesem Mann und Hartiss, das heisst zwischen dem Schiedsrichter und dem Magier, fühlte ich mich wohl. Keiner wusste vom anderen, doch wurde das von Hartiss festgelegte Arbeitskonzept von Martine sofort verstanden.

Nachdem die Arbeiten in der Kappelle des Vinzenz von Paula abgeschlossen waren, wurde mir die Ausführung der Gesamtrestauration anvertraut. Schritt für Schritt ging es mit unserem Werk voran, und schliesslich hatte ich mit meiner aus zwölf Männern bestehenden Equipe ein Drittel der Aufgabe bewältigt. Die Restauration des von Hartiss als Oase der Ruhe bezeichneten linken Gebäudeteils, hatte, zusammen mit den darin enthaltenen drei Kapellen Johannes des Täufers, Vinzenz von Paulas und des Pfarrers von Ars, ihren Abschluss gefunden. Es waren noch vier Kapellen zu restaurieren. Das Grabmal Jakob II., des unter Ludwig XIV. im Exil verstorbenen Königs von England, wurde zum Verschwinden gebracht. Ich tat nichts um dies zu verhindern, damit ich meine Arbeit beenden konnte.

«Lass den armen Alten ruhen», sagte Hartiss zu mir. «Ein Grab sollte für alle Zeiten dort bleiben, wo es errichtet worden ist. Seine Nachfolger trauern längst nicht mehr um ihn.»

Anfangs April nahm unsere Arbeitsgruppe das rechtsseitige Gewölbe in Angriff, das von Hartiss als ‹Wandelgang des Wissens und der Gewalt› bezeichnet worden war.

Dem Arbeitsablauf gemäss zog ich mit meinem Atelier von Kapelle zu Kapelle, und gelegentlich kam der Vorgesetzte der Zimmerleute zu mir, um ein bisschen zu plaudern. Er arbeitete für die Firma, die unseren Glockenstuhl restaurierte. Eines Tages sagte er beiläufig zu mir:

«Ich möchte, dass du die Sankt-Josephs-Kapelle mit Stützbalken versiehst. Du bist verantwortlich für die gesamte Renovation; lass all die Fresken um den Altar herum verschwinden. Was die Statue unseres Schutzpatrons betrifft, so lass eine Holzfigur aufstellen. Einen Menschen, nicht einen Hanswurst.»

Holz! Gebälk! Ich sah wieder den Wald vor mir. Nachdem ich noch am selben Tag das Einverständnis der Architekten eingeholt und – wie ich gestehen muss – dem Pfarrer die Zustimmung abgerungen hatte, liess ich den ganzen Tand herunterholen. Ich entfernte ganze Heerscharen flötenblasender Engel sowie die Heiligenstatue und begann sofort mit der Umgestaltung der Kapelle; acht Tage später hatte sie ihr heutiges Aussehen. Das Werk gelang allen üblen, von mir in den Wind geschlagenen Unkenrufen zum Trotz. Alle Angriffe in bezug auf meine Arbeit stammten stehts von Unbekannten, deren Gesichter ich bis heute nie gesehen habe.

Schliesslich blieb nur noch die Josephs-Statue übrig, die in einer Ecke des Ateliers auf meinen Geistesblitz zu warten schien. Hartiss gab mir die entscheidende Inspiration, indem er sagte:

«Meine Mutter besass eine Josephs-Statue und eine kleine ‹Kristo›-Figur, deren Gesichter, Hände und Füsse aus Elfenbein bestanden. Alles andere war aus Holz.»

Zwei Tage später befand sich die Statue an ihrem alten Standort und lächelte den Beschauer auf dieselbe Weise an, wie es wohl jene Josephs-Figur im elterlichen Wohnwagen Pietros getan hatte.

Diese Kapelle fand allgemeinen Beifall, obwohl die Lokalzeitung eine unfreundliche Kritik veröffentlicht hatte. Schliesslich blieben nur noch die Kapellen der Herz-Jesu-Andacht und Unserer Lieben Frau zu restaurieren übrig.

Der Vorgesetzte der Zimmerleute, der die Josephs-Statue

Bild 4: Die vom Autor renovierte Josephs- und Herz-Jesu-Kapelle in der Kirche von Saint-Germain-en-Laye. (Photo: E. Doisneau)

ITE AD JOSEPH

persönlich an ihren alten Standort zurückgebracht hatte, überraschte mich mit folgenden Worten:

«Ich habe ein Idol weggenommen und bringe einen Mann und sein Kind zurück.»

Ein Idol war für mich stets eine als göttlich verehrte Menschen- oder Tierdarstellung. Als Katholik erzogen, habe ich mir nie überlegt, dass es in der katholischen Kirche Vergöttlichungen dieser Art geben könnte. Die Herz-Jesu-Kapelle liess mich die Dinge anders sehen. Sobald die Jesus-Statue von ihrem Sockel heruntergeholt worden war, liess ich sie in mein Atelier bringen. Ich versuchte mich zunächst in die Lage des Künstlers, der diese Figur geschaffen hatte, hineinzuversetzen; das Ganze war offensichtlich kein Meisterwerk, doch würden sich vielleicht nach Entfernung der geschmacklosen Kleidung gewisse edle Züge zeigen, die bis anhin verborgen geblieben waren. Auch die gemalten Lippen, Pupillen und Augenbrauen, die der Statue das Aussehen eines zu früh gealterten Epheben gaben, mussten verschwinden. Nachdem die Arbeiter nach Hause gegangen waren, blieb ich in meinem Atelier, um unter den Augen von Hartiss der ‹Kristo›-Figur ihr ursprüngliches Aussehen wiederzugeben.

«Was denkst du?» fragte ich den Alten.

«Das musst du nicht mich fragen, mein Kleiner. Stell diese Frage anderen.»

«Wem?»

«Das wirst du bald sehen!»

«Was werde ich sehen?»

«Stell dir vor, du würdest deinen Farbtopf nehmen und in Afrika die Masken des schwarzen Zauberers weiss anmalen. Überlege dir die Folge eines solchen Tuns!»

«Aber was wir hier tun, ist doch nicht dasselbe!»

«Das wird sich zeigen. Wenn du das tust, was du für wahr und richtig erachtest, so wäre es gut, wenn du dich verteidigen würdest, ehe sie deine Ansichten erneut angreifen. Denke stets daran, dass du die Dinge wie ein Zigeuner siehst; sie aber sind Gadjos!»

«Was also soll ich tun?»

«Benutze dieselbe Waffe. Sie haben dich schriftlich angegriffen, also benutze auch du die Schrift als Kampfmittel. Du kennst unser Gesetz, Pierre; es gibt Rutenschläge, die sind wie Säbelhiebe. Wenn sie dir Schrammen zufügen, so verwunde sie und halte dir stets vor Augen, dass die ‹Gerechtigkeit› der Gadjos jede Ratte und jeden Raben krank werden liesse. Sie sind mächtig, du aber bist klein und allein.»

«Aber du bist doch bei mir, Pietro.»

«Die anderen wissen davon nichts. Du musst dich allein verteidigen, Pierre. Denk an das Geheimnis, an den ‹Garten›, mein Kleiner. Das ist deine Stärke! Das Geheimnis der Farben, das ihnen unbekannt ist, dient dir als Schutz. Greife sie an, mein Sohn! Du bist die Kugel, die ich werfe; sie werden allesamt wie Kegel umstürzen. Hüte dich aber, auf dem Boden zu schlafen! Ein Mensch, der auf dem Boden geschlafen hat, findet nach dem Erwachen – auch wenn er wieder aufrecht steht – nicht mehr zu dem vorherigen Geisteszustand zurück. Schlafe nie auf dem Boden, mein Kleiner, oder dein Werk an dieser Kirche ist verloren!»

Nach sehr vielen Schwierigkeiten publizierte der ‹Courrier Républicain› den hier abgebildeten, offenen Brief. Dies war nur möglich, weil der Bürgermeister das Konzept meiner Arbeitsweise begriffen hatte. Ohne ihn wäre dieser Brief nie abgedruckt worden. Schweigend liess ich an jenem Morgen die zahlreichen Besuche über mich ergehen, denn für mich zählte einzig und allein das Ziel, die Herz-Jesu-Kapelle innerhalb der mir verbleibenden Frist restaurieren zu können. Ich wollte, dass sie in den Augen der Kommission das Pünktchen auf dem i bildet.

Eines Tages, als ich gerade die verschiedenen Farbtöne studierte, sagte Hartiss zu mir:

«Wenn du mit Hochmut im Herzen arbeitest, Pierre, so entsteht dein Werk nicht in Liebe. Rufe dir stets in Erinnerung, dass Rot sowohl die Farbe der Leidenschaft als auch die des Hasses und der Zerstörung ist. Das Rot muss mit Violett wirkungslos gemacht werden. Violett ist sehr viel wohltuender und nützlicher als Blau, weil in ihm die rote Farbe – und somit seine eigene

Gegenkraft – enthalten ist. Früher hat man bei uns allzu nervöse Kleinkinder auf violette Kissen gelegt, und bald wurde ihr Weinen von tiefem Schlaf abgelöst.

Violett ist eine magische Farbe, Pierre. Wenn du sie mittels Schattierungen geheimnisvoller machen willst, so verwende dazu niemals Schwarz, sondern arbeite immer mit Erdfarben.»

Ich schlief in jener Nacht nur wenig, doch war ich am Morgen ruhig und voll klarer, zielbewusster Gedanken. Ich schickte doppelt so viele Arbeiter auf die Gerüste, und innerhalb von drei Stunden bemalte ich die Kapelle so, wie sie heute dasteht.

Ich, ein Ungläubiger, habe mich dieser Aufgabe mit Liebe, ja mit Leidenschaft gewidmet, und in der Farbgebung der Herz-Jesu-Kapelle hat diese Steigerung ihren Ausdruck gefunden. Wie von einem mächtigen, im Dunkel agierenden Zauberer behext, sah ich eine Lawine von Widersprüchen auf mich zukommen, die sich alle vor dem Altar einen erbitterten Kampf lieferten; indem ich den Standort der Statue farbig bemalte, dic Figur aber von ihrer erkünstelten Farbigkeit befreite, erschien diese – auf ihre ursprüngliche Form reduziert – um so menschlicher. Männer, vor allem aber Frauen, kamen zu mir und baten mich, der beinahe lebensgrossen ‹Kristo›-Figur wieder ihr bisheriges, gewohntes Aussehen zu geben. Man hat mir sogar Geld angeboten. An jenem Tag besuchte mich Hartiss, als ich gerade entmutigt die Farben studierte, die wir für die letzte Kapelle, die der heiligen Jungfrau, verwenden würden.

«Verliere den Mut nicht, mein Sohn. Du kennst das Geheimnis. Niemand wird dein Werk vernichten, denn sie können nichts unternehmen, das unsere Harmonie stören würde. Du wirst deine Aufgabe zu Ende führen. Dein Arbeitgeber wird dich möglicherweise hinauswerfen; die Mauern dieser Kirche werden noch die magischen Farben der Zigeuner tragen, wenn unsere Gebeine längst zu Staub zerfallen sind.»

Am selben Morgen nahmen die Mitglieder des Arbeitsausschusses die Kirche in Beschlag. Die Dekorationsmaler, die bereits früher für mich Partei ergriffen hatten, umringten mich, und der Ausschuss zog sich verängstigt ins Pfarrhaus zurück, wo man

Au sujet des travaux de l'Église

LETTRE OUVERTE

Nous recevons une lettre ouverte de M. Pierre Derlon, chef décorateur, qui s'occupe actuellement des travaux de réfection de l'église, en réponse à un article paru dernièrement dans « Le Courrier Républicain » et adressée à la Commission des travaux de l'église.

Messieurs,

Il y a sept mois, à la demande de l'Architecte de la ville, M. Manuel, j'acceptais d'assumer la responsabilité de la décoration de l'Eglise. Fidèle aux plus vieilles traditions de mon métier, je pris alors conseil d'un ancien : M. Martine. J'élaborais alors les teintes des revêtements muraux tributaire de la palette d'Amaury Duval, élève d'Ingres, je construisis une gamme de couleurs en fonction des teintes de fresques, faisant photographier certaines chapelles. J'étudiais seul la transformation picturale de la statuaire, l'equilibre des lignes et celui des masses.

L'ouvrage allait bon train, car l'architecte, le décorateur et l'ancien faisaient bloc. Le premier était le maître le second, le souffle, le dernier l'équilibre.

Actuellement 34 couleurs sur les 50 que j'ai prévues, établies sur 4 gammes d'harmonie s'étalent sur l'édifice. Six mois après, vous êtes venus, messieurs ; vous avez beaucoup parlé et dit peu de choses, fait des ronds dans l'eau et donné des coups de badine dans le vent.

Puis, vous m'avez à nouveau laissé la responsabilité totale de la rénovation de la chapelle Saint-Joseph, réalisée depuis votre première et dernière visite.

Pas un seul parmi vous, messieurs, ne daigna se déranger, pour voir l'avance des travaux.

Vous avez exigé une maquette pour la chapelle de la Vierge. Chapelle qui, selon moi, pour un décorateur novice est la plus facile de l'ensemble à réaliser.

Vous avez, par voie de presse, critiqué mon travail sans pour autant, le jour de votre promenade à l'Eglise demandé une quelconque explication.

Messieurs, par respect pour l'architecte qui me fit confiance, pour l'ancien dont je pris conseil, en tant qu'artiste responsable, je demande réparation

J'exige selon les lois les plus élémentaires de l'honneur, que votre Commission se réunisse à nouveau, dans un endroit de votre choix, où le public aurait accès, je répondrais à toutes les questions qui me seront posées par ce public

Quant à vous, j'essaierais de vous faire comprendre d'où venait le souffle, quelle en était la source.

Pierre DERLON
Chef décorateur coloriste du Groupement des Entrepreneurs de la Région Parisienne.

Signalons que cette Commission, extra-municipale, doit se réunir samedi prochain, 29 mai, à 9 h. 30, à l'Eglise, pour constater l'état des travaux hinter verschlossenen Türen über mich Gericht hielt. Ich spürte die Nähe von Hartiss und seinem Geheimnis. Das Ganze erschien mir wie eine reichlich bizarre Komödie. Leute, die ich bis anhin nie gesehen hatte, begutachteten von allen Seiten ein Modell der Liebfrauen-Kapelle, dem letzten noch zu restaurierenden Teil des Bauwerks. Diese Kapelle schien noch viel Arbeit zu erheischen, da deren Farben nicht mit der harmonischen Farbskala der Zigeuner vereinbar waren.

Ich sprach kaum ein Wort. Es kam mir vor, als hätte ich einen Kindergarten zu bewachen, deren Zöglinge das von mir erfundene, ungewöhnliche Spiel überhaupt nicht begreifen konnten. In diesen Stunden waren der Architekt Manuel und der alte Martine, der die Fresken von Amaury Duval restauriert hatte, meine einzigen Freunde. Ich bemühte mich, die anderen überhaupt nicht wahrzunehmen, da ich mir mit Gewissheit im klaren war, dass ich das begonnene Werk vollenden würde.

In bezug auf meine Aufgabe hatte dieses Gesetz der Farben, das ich dank dem ‹Garten› verstanden und stets gewissenhaft beobachtet hatte, noch keinerlei Wirkung gezeigt. Ich dachte, dass die in ihrem Alltag an Disharmonie gewöhnten Leute bei diesem Anblick einen Schock erleiden würden, der ihr Betragen verändern könnte. Ich hatte mich geirrt! Die darauffolgenden Ereignisse sollten das Gegenteil beweisen.

Die Farben beruhten auf einem natürlichen System, dessen Gesetzmässigkeit sich niemand entziehen konnte. Die wurde mir erst klar, als ich das Lächeln Pietros begriff und damit seiner wiederholten Beteuerung, dass ich das Werk zu Ende führen werde, Glauben schenkte.

Ich hatte mir angewöhnt, allein in meiner zum Atelier gewordenen Kapelle zu Mittag zu essen. Der Altar diente mir dabei als Küchen- und Arbeitstisch. Zu dieser Stunde war es in der Kirche stets ruhig. Die Arbeiter hatten das Gebäude verlassen, und in friedlicher Stille entwickelte ich meine Farbskalen.

Das zur Bemalung der Decken benötigte Material war bereits in die Kapelle unserer Lieben Frau gebracht worden. Gasmi und Pedro, die ihr Mittagsmahl auf der Kirchentreppe einnahmen, meldeten mir um halb ein Uhr, dass einer der Stadtarchitekten mit dem Mischen der Farben begonnen hätte. Ich ging sofort nachsehen.

Der Mann war nicht von Feindseligkeit, sondern von dem Wunsch erfüllt, die Farbgebung dieser Kapelle selbst zu bestimmen, um so der öffentlichen Meinung Genüge zu tun. Er bat mich höflich, ihn gewähren zu lassen. Ich stimmte zu und stellte ihm Pedro als Gehilfen zur Verfügung. Darauf kehrte ich zu meinem Mitagessen zurück. Eine halbe Stunde später kamen Pedro und Gasmi erneut zu mir. Beide lachten.

«Was ist denn passiert?» fragte ich verblüfft.

«Komm, sieh dir das an! Er hat Schwarz dazugemischt, und alles ist verpfuscht. Er sagt, dass er die Decke mit seiner Farbe streichen würde!»

Ich folgte den beiden, doch reizte mich das, was ich sah, nicht zum Lachen. Ich versetzte mich in den Zustand dieses Mannes und durchlitt seine Ängste, als ihm die Herstellung einer einfachen Farbe nicht gelingen wollte. Ich wusste, wie es in ihm aussah. Am Boden der Kapelle standen unzählige mit Farbproben gefüllte Konservendosen, und mein Blick traf auf einen riesigen, ein undefinierbares Gemisch enthaltenden Behälter. Ein gewisses Gefühl der Sympathie ergriff mich.

Man hatte das Verdikt der öffentlichen Meinung unter einem falschen Vorwand umgangen, und dieser Mann musste nun dafür büssen. Eine müde Traurigkeit erfüllte mich. Ehe er mit seinem Werk begonnen hatte, wusste ich, dass das Ergebnis eine Katastrophe sein würde. Ich besass nicht einmal mehr jenen Hochmut, der gelegentlich die Herzen jener heimsucht, die ihre Aufgabe erfüllt sehen. An diesem Tag war ich der Bedeutung des Geheimnisses nähergekommen. Ich hatte dessen Kraft erfahren, die nicht zuletzt aus jenem ‹Garten› stammt, in dem der Mensch sein Wissen ablegt, um zum Instinkt der ersten Tage zurückzukehren.

Am Nachmittag bemalten die Arbeiter in aller Eile die Decke; tags darauf befahl mir mein Arbeitgeber, alles nochmals neu anzufangen.

Wie mir Hartiss vorausgesagt hatte, führte ich das Werk zu Ende.

Zwei Monate später entliess mich das Unternehmen. Nach drei Jahren aber – ich war inzwischen zum Fachkoloristen aufgerückt – engagierte mich dieselbe Firma als technischen Berater bei der Erstellung von Industriegebäuden. Dazu gehörte auch jenes Unternehmen, bei dem später die Entwicklung des Farbfernsehens ihren Anfang nehmen sollte.

III
Farben und Heilkunde

Die Magie der Zigeuner hatte den ehemaligen Fensterputzer, der ich war, auch in den Bereich bedeutend abstrakterer Konstruktionen geführt.

Dreimal habe ich in diesem Zusammenhang den ‹Garten› betreten, doch begriff ich erst beim letzten Mal sowohl Symbolik und Funktion der Farbe als auch deren Wirkungsweise.

Ohne dass ich es wusste, war ich Fachkolorist geworden. Ich lebte von dieser Tätigkeit, von der ich bis anhin nie gehört hatte, die aber von bekannten Professoren im Museum für Naturgeschichte doziert wurde. Diese fundamentalen Gesetze liessen die Farbe zu einer Einheit werden, die das Verhalten der Menschen beeinflussen kann. Und ich als Unwissender hatte auf dieses Verhalten ohne jede wissenschaftliche Kenntnis eingewirkt. Mein Gott, wie klein sind wir doch angesichts dieser unermesslich grossen Dinge, in denen der weise Mensch wie in einem Ozean herumwatet, und die alles Wissen lächerlich erscheinen lassen.

Fern von diesen Stätten der Erfahrung, rufe ich mir gelegentlich die Gesichter all jener ins Gedächtnis zurück, die mir einst das Tor zur Erkenntnis geöffnet hatten. Ich sehe jene Landschaften wieder, die mich – möglicherweise durch eine andere Betrachtungsweise als die ihre geläutert – zu jenen Ufern bringen, wo der Mensch noch von den Urgefügen des Geistes getragen wird.

Ich erinnere mich an jenen Schäfer in den Alpen, der im Flug der Vögel Dinge erkannte, die mir völlig unbekannt waren.

«Die Vögel», so sagte mir der alte Guy Chambrun, «verfolgen am Himmel Wege, die nur sie allein wiedererkennen, und es genügt, den dir längst vertrauten Flug eines Adlers zu beobachten, um Dinge zu erkennen, die dem Menschen in der Stadt verborgen bleiben.»

Die Gebeine des alten Guy Chambrun und jene von Pierre dem Kleinen, einem Kaku in Arles, ruhen heute an zwei vergessenen Orten in der Erde Frankreichs; ich aber werde beim nächtlichen Schreiben gelegentlich vom Odem dieser Männer gestreift. Und das ist gut so.

Mein Schreiben wird von den Quellen ihres Wissens genährt.

Ich bin nur der Spiegel, der Widerschein dessen, was sie einst gewesen waren. Dasselbe gilt in bezug auf jene anonymen Nomaden und ‹geheimen› Patriarchen, die noch heute unter uns weilen und verloren sind, als befänden sie sich auf einer verlassenen Insel. Sie bewegen sich in der Menge wie in einem dunklen Wald: ich aber folge ihnen Schritt für Schritt, um Dich, unbekannter Leser, an diesen Lichtstrahlen teilhaben zu lassen, die mir, dem Unwissenden, von der Sonne ihrer Weisheit zugeschickt worden sind.

Doch kommen wir nun auf die ‹Gärten› zurück. Nachdem ich den ersten Garten im Wald von Saint-Germain errichtet hatte, erschien mir seine Geometrie geradezu anmassend. Pietro, der mir bei diesem ersten Versuch beigestanden hatte, zeigte ein eigenartiges, erstarrtes Lächeln; nur der Glanz seiner Augen, der noch gleich wie zur Zeit meiner Jugend war, gab mir jene geistige Ruhe, die er immer zu übermitteln wusste.

«Pierre», so sagte er damals zu mir, «das Wichtigste in deinem Garten ist das Wissen um die Verteilung der Tafeln. Ordne sie gemäss deinem Wesen an!»

«Die Tafeln? Welche Tafeln?»

«Diese geometrischen Figuren aus Blech, Pierre, nennt man die Tafeln.»

«Warum?»

«Ich weiss es nicht, und derjenige, der mich diese Dinge lehrte, wusste es auch nicht. Er sagte mir nur, dass diese Tafeln aus uralten Zeiten stammen und dass die Formen jeweils für ganz bestimmte, der Tafel innewohnende Kräfte stehen. Weise Männer, die der heutigen menschlichen Sprache nicht mächtig waren, hätten sie einst zu verschiedenen Ritualen benutzt; zur Erhaltung des seelischen Gleichgewichts seien sie unerlässlich.»

Ich stand damals den von Hartiss offenbarten Dingen noch recht ungläubig gegenüber. Es ging mir wie all jenen, die an das, was sie bei mir suchen, nicht glauben, die beim Betreten meiner Wohnung oder meines Wohnwagens aber von der Richtigkeit der Dinge überzeugt werden. Ungläubig überschritt ich sodann in seiner Begleitung die Grenzen meines ‹Gartens›, ungläubig ordnete ich nochmals die sechs blau und rot gefärbten Tafeln an, und ungläubig, aber auch beunruhigt hörte ich die Stimme von Pietro:

«Pierre, du hast die Anordnung im Sinne deines eigenen Schritts getroffen; der Pfeil berührt die Mitte des Bogens, und keiner deiner Feinde wird der Bewegung dieser Anordnung entgegenwirken können, da sie auf natürlichen Prinzipien beruht. Befestige die Tafeln gut und lass deinen Blick in dem Sinne darüberschweifen, wie ich es dir in bezug auf Meditation und geistiges Sehen beigebracht habe.»

Noch einmal sagte er zu mir:

«Geh, mein Sohn!»

Dann liess er mich allein in meinem Garten zurück.

Während der ersten Übung schien sich das Gras violett zu verfärben; das ist die einzige Erinnerung an jene erste ‹Reise›, die, laut Pietro, weniger als eine Stunde gedauert hatte. Eine von der Zeit verschlungene, aus meinem Gedächtnis entschwundene Stunde, die mich aber innerlich erneuert und mir eine Erweiterung des geistigen Bewusstseins vermittelt hatte.

Das Seltsame an der Sache aber war nicht so sehr der Garten selbst als die daraus resultierenden Wirkungen. Diese zeigten sich im Sinne der mir vorausgesagten Entdeckungen, doch ging die Entwicklung des Ganzen recht langsam und ohne überstürzende Ereignisse vor sich; es war, als hätte sich die Erweiterung des geistigen Bewusstseins in einer geheimen Ecke meines Gehirns niedergelassen, um mir von nun an jederzeit beistehen zu können. Was für ein wunderbarer Mechanismus ist der menschliche Körper, und wieviele Jahrhunderte hat der Mensch gebraucht, um sich selber zugrunde zu richten! Wie lange braucht er, um zu den Quellen zurückzukehren, zu jenen Wegen, die den alten Schäfer Guy Chambrun in Sphären brachten, wo nur noch er und der Adler sich finden konnten?

Hartiss enthüllte mir das Geheimnis der bei gewissen eingeweihten Zigeunerstämmen – darunter die Lovari und die Sinti – als magisch geltenden violetten Farbe. Das Geheimnis der Tafeln offenbarte mir Maurice Chatelain, Wissenschaftler bei der

NASA, Spezialist für Weltraumkommunikation und verantwortlicher Mitarbeiter beim Apolloprojekt. Diese beiden, in ihrer Art zu ‹sehen› völlig unterschiedlichen Männer waren sich in bezug auf die Errichtung eines ‹Gartens› völlig einig.

Die auf Seite 63 gezeigte Skizze stammt aus dem Buch «Les Ancêtres venus du Cosmos»von Maurice Chatelain und zeigt die ‹Tafeln› der Kathedrale von Chartres; sie entsprechen in ihren Formen genau den Tafeln der ‹Gärten›, und ihre reduzierten Ausmasse stimmen mit jenen der grossen Pyramide überein. Zieht man dabei in Betracht, dass sich die Zigeuner im Mittelalter ‹Ägypter› oder ‹Söhne Kleinägyptens› nannen, so könnten gewisse Zusammenhänge gesehen werden, die meiner tiefsten Überzeugung gemäss jedoch falsch sind.

Ich habe mich vor Zusammenhängen dieser Art zu hüten gelernt. Sie scheinen offensichtlich zu sein, sind in der Tat aber nichts als Täuschung; Legenden, die sich im Laufe der Zeit ausbreiten und dadurch eine wenn auch ungerechtfertigte Bestätigung erfahren.

In diesem Zusammenhang möchte ich nur folgendes Beispiel erzählen: am 3. Februar 1976 war ich in das Kino ‹Studio des Buttes Chaumont› zur Privatvorführung eines Films über Kamerun geladen. Ich traf dort einen Minister dieses Landes, den ich vorher nie gesehen hatte, der aber infolge ähnlich gelagerter geistiger und psychischer Gegebenheiten – seine Lebensform kam der meinen sehr nahe – sofort Kontakt mit mir suchte.

Zwischen diesem Mann der Wälder und mir, dem in Stein und Beton Lebenden, bestand eine so feste und klare Verbindung, dass sie auch für Aussenstehende fühlbar sein musste.

Zwischen diesem Afrikaner und mir bestanden aus unbekannten Quellen geschöpfte Bande, die uns zu Brüdern werden liessen. Inmitten all der anderen Lebewesen befanden wir uns in diesem phantastischen ‹Garten›, in dem zwei Menschen – der eine schwarz, der andere weiss – in seelischer Verbundenheit Gefilde betraten, in denen die Liebe durch eine Brüderlichkeit gefunden wird, deren Grenzen unbestimmbar sind.

Aus welchen Quellen stammte die geistige Nahrung dieses

DIMENSIONS DES TROIS TABLES DE LA CATHEDRALE DE CHARTRES

en mètres, en pouces de Chartres de 23,0625 mm, et doigts de Chéops de 18,7195 mm

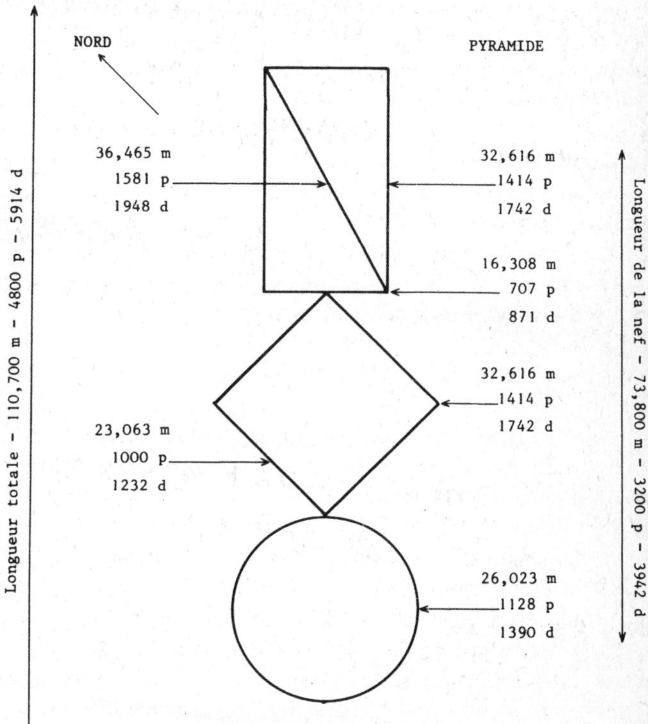

SURFACE DE CHAQUE TABLE

5.318.789 centimètres carrés ou 531,8789 mètres carrés

1.000.000 pouces carrés ou 3906 pieds carrés

1.517.824 doigts carrés ou 1936 coudées carrées

soit un centième de celle de la Grande Pyramide

Alten? Noch heute sehe ich den Glanz seiner Augen vor mir. Ob er wohl im afrikanischen Busch dieselben geistigen Reisen antrat wie ich im Wald von Saint-Germain, und ob ihm das Geheimnis der Tafeln und des ‹Gartens› bekannt war? Ich glaube es nicht, doch vermute ich einen gemeinsamen Ausgangspunkt, der uns auf verschiedenen Wegen zum Ziel führte. Zum Vergleich möchte ich das Erlernen einer Sprache anführen; auch hier ist die gewählte Methode Nebensache, solange das Ziel erreicht wird.

Hartiss erklärte mir, warum sich das Gras in meinem Garten violett gefärbt hatte:

«Dem Menschen stehen zwei Wege offen, auf denen er zu aussersinnlichen Wahrnehmungen gelangen kann: die Drogen und das Gehirn. Der schwache Mensch nimmt Drogen zu sich, um auf sein Gehirn einzuwirken, derjenige aber, der sein Leben gemäss innerer Kräfte einrichtet, kann auf derartige Hilfsmittel verzichten. Das Gehirn allein kann ihn zu jenen Dingen führen, die der Schwache in der Droge findet. Es dauert manchmal nur einige Minuten, um von Drogen genährte Visionen zu erleben; du wirst mehr als dreissig Jahre brauchen, um aus eigener Kraft dasselbe Resultat zu erzielen. Drogen töten dich, doch die Askese stärkt!

Der Mensch wird zum Sklaven der Droge, doch entscheidet er zugleich auch über jene körperliche Askese, die den Geist von dieser Sklaverei befreit; eines Tages, Pierre, werden deine Hände auf deinesgleichen dieselbe Wirkung wie eine Droge ausüben. Du wirst bloss gewisse Schädelpartien deiner Mitmenschen berühren müssen! Zu jenem Zeitpunkt wirst du das Geheimnis des Lebens und der Bewegung aller Dinge erfasst haben. Du selbst wirst andern zur geistigen Nahrung, denn du wirst ein Sonnenmensch sein wie ich und andere, die bei euch als Heiler in den Dörfern tätig sind. Dazu gehören auch die Hexenmeister des afrikanischen Busches, die Weisen in tibetanischen Klöstern oder gewisse peruanische Nomaden. Indianer am Amazonas tragen dieselben Kräfte in sich, die du suchst und die du eines Tages finden wirst. Du erreichst dieses Ziel noch zu meinen Lebzeiten, ich weiss es! Das Violett, das du in deinem ‹Garten› gesehen hast, existiert in Wirklichkeit nicht. Für mich als Aussenstehender waren jene Dinge, die du gesehen hast, nicht erfassbar, doch konnte ich deine Reise mitempfinden, da die Stellung deines Körpers eigenen Erfahrungen entsprach.

«Voyeur!» rief ich.

Er brach in schallendes Gelächter aus, nahm mich bei der Schulter und erklärte:

«Es ist nicht nötig, dass du den Mechanimus begreifst, der dich die Farben nach jenem bestimmten System anordnen liess. Das Ganze beruht nicht auf Überlegung; da hier das Unterbewusstsein von grösster Bedeutung ist, können Drogen dieselbe Wirkung zeigen. Die Phantasie wird insofern zum Hilfsmittel, als du deren Bilder nicht auf dich einwirken lässt, sondern sie in die Farb- und Formkonstruktionen deines ‹Gartens› umsetzest.

Die Art und Weise, wie du die Tafeln angeordnet hast, liess mich erkennen, dass du vom Instinkt zu den Quellen geführt worden bist. Eine intensive Wirkung des ‹Blicks› wird dir den Weg zum seelischen Schauen eröffnen.»

Man vergegenwärtige sich nochmals die Zeichnung mit den ‹Tafeln› der Kathedrale von Chartres. Werden diese Formen nun verdoppelt – die linke Seite sei blau, die rechte rot – und in Gedanken übereinandergeschoben, so resultiert aus diesem Gemisch von Blau und Rot das magische, in der Geheimlehre der Lovari und Sinti bedeutende Violett.

«Das Violett, Pierre, ist die einzige Farbe, die eine Verbindung mit dem Schlaf, der Hypnose und dem Geheimnis der Seele eingeht. Als ich ein Kind war, gab es in den Wohnwagen der grossen Nomadenzüge stets eine violett ausgestattete Ecke – selbst die Federbetten waren in dieser Farbe gehalten –, in der ungestüme Kinder innere Ruhe und die Schlaflosen seligen Schlaf fanden.»

«Aber, mein Lieber, das hast du mir bereits früher erzählt, doch ist mir damit noch keine Erklärung für die violette Verfärbung des Grases gegeben worden. Es ist möglich, dass die violette Farbe auf unseren geistigen Zustand einen gewissen Einfluss ausübt; was ich aber wissen möchte, sind die Wege, die diese geistigen Zustände gehen mussten, um im leeren Raum aus dem Nichts etwas entstehen zu lassen.»

«Die Gedanken, Pierre, gehören nicht zum ‹Nichts›, und derjenige, der sich ihrer zu bedienen weiss, bewegt sich nicht im leeren Raum. Ein Architekt, der ein Projekt ausarbeitet, greift erst dann zu Papier und Bleistift, nachdem er sich seine Pläne in Gedanken zurechtgelegt hat.»

«Die Katholiken nennen die Ereignisse von Lourdes ein Wunder, doch gibt es auf dieser Welt noch andere Stätten – man denke nur an den ‹Berg der weissen Geier› –, wo sich dieselben Dinge ereignen. Der Mensch selber ist eine solche Stätte, Pierre! Gleich dem Eisberg, der in der Wärme zu Wasser wird, so kehrt auch er zu den Quellen seines Seins zurück. Dein Wirken auf dieser Erde hängt nur von in dir selbst gespeicherten Kräften ab; hier, nur hier allein liegt der Schlüssel zu jenen Bereichen, die gewissen Menschen stets unerklärlich bleiben. Deine Hand weiss zu heilen, Pierre, und dennoch kannst du über diese Kräfte nicht selbst verfügen, da du ihnen ausgeliefert bist wie der Sonne, dem Regen und dem Wind. Du möchtest ein intelligentes, selbständiges Wesen sein, und dennoch bist du nur ein unwissendes Instrument dieser Kräfte. Sei damit zufrieden, denn dein Dasein ist dasjenige eines Handwerkers mit ganz besonderen Fähigkeiten. Du wirst nie etwas anderes sein, Pierre! Beunruhigte Menschen – vielleicht auch nur solche, die auf fremde Phänomene neugierig sind – werden sich unsere Entdeckungen aneignen. So kannte meine Grossmutter das Penizillin lange bevor der Gadjo, der es ‹entdeckte›, geboren wurde. Später, wenn du über unsere Medizin schreiben wirst, werde ich dir darüber mehr berichten. Eines Tages, Pierre, wird ein anderer das Geheimnis der violetten Farbe erkennen und in gelehrten Worten über einfache Dinge berichten, die wir Zigeuner seit Jahrhunderten wissen und anwenden. So ist das Leben, Pierre! Der Mensch, der den ‹Garten› benutzt, ist nicht zum Forscher bestimmt; er gehorcht den Gesetzen der Natur, da er seinen Instinkt so weit verfeinert hat, dass er ihn mit grossem Unterscheidungsvermögen anzuwenden weiss.»

«Aber warum die violette Farbe? Auf welche Weise kann diese Mischung von Rot und Blau unser Bewusstsein auslöschen, um uns Gefilde zu eröffnen, in denen der Geist zu den Quellen des Instinkts zurückkehrt?»

Ein Arzt, Dr. Bachard, der sich mit dem Einfluss der Farben auf die menschliche Psyche beschäftigt, entdeckte, dass die violette Farbe auf den Hypothalamus einwirkt und so den Schlaf herbeiführen kann. Dieser Wissenschafter erfand nun die folgende Methode: «Beschaffen Sie sich ein Stück violetten Stoff, schneiden Sie ein 5 cm grosses viereckiges Loch heraus und legen Sie den Stoff anstelle des Kopfkissens auf Ihr Bett. Legen Sie ihren Kopf auf das violette Tuch, und in einigen Minuten werden Sie tief eingeschlafen sein.»[3]

Ich erinnere mich noch heute an den traurigen Blick Pietros, als ich ihm zwei Jahre nach dem Errichten meines ersten ‹Gartens› dieses Buch brachte, das mir den geheimen Mechanismus dieser von mittelalterlichen Alchimisten geliebten Farbe etwas enthüllte.

«Pierre», sagte er damals, «wenn du dich nicht selbst zerstören willst, dann verliere deine Zeit nicht mit dem Forschen nach dem ‹Warum› der Dinge. Begnüge dich damit, sie zu gebrauchen. Dieser Arzt beispielsweise gibt in seinem Buch selber zu, dass sich seine Methode in rund 50 Prozent der Fälle nicht bewährt. Dieser Mann, mein Kleiner, weiss von Dingen, die dir bekannt sind, nichts. Falls du ihm eines Tages begegnen solltest, so kannst du ihm sagen, dass der Misserfolg seiner Methode auf das Fehlen der ‹Tafeln› zurückzuführen ist. Er verwendet nur die erste Form, das Viereck, und dies, obwohl es sehr viele verschiedene Arten von Vierecken gibt. Wenn er alle drei Figuren gesamthaft verwenden würde, so wären seine Resultate erfolgreicher; versuche eines Tages in deinem ‹Garten› nur mit einem einzigen Viereck auszukommen, und du wirst sehen, dass dir alles verschlossen bleibt.»

Ich versuchte es eines Tages und konnte in der Tat keinerlei Erfolge verzeichnen. Es dauerte beinahe sechs Monate, ehe ich wieder den Weg zur Selbstversenkung finden konnte; die Konzentration auf diese einzelne Figur hatte in mir etwas Unbekanntes zerstört.

Damals sprach Pietro mit mir zum ersten Mal über die Gesetze der Zigeuner, und ich schwor ihm, niemals die menschliche Anatomie in wissenschaftlichem Sinne zu studieren.

«Ich habe nichts Ungutes im Sinn, Pierre. Ich will dich nur vor dir selbst schützen, denn es gibt Erwachsene, die man vor ihrem eigenen Ich beschirmen muss wie Kinder.»

Getreu meinem Schwur habe ich nie wieder ein medizinisches noch ein anatomisches Lehrbuch geöffnet, und wenn sich meine Hände auf den Körper eines Kindes meiner Mitbrüder legen, so erfüllen sie gewissermassen stellvertretend jene Dinge, die in mir wirken und die ich zu verwirklichen trachte, da in mir etwas wirkt, das selbst dem Weisesten innewohnt. Der Mensch, der das Unmögliche anstrebt, muss sich den unfassbaren Sphären beugen können. Dies gilt auch für den Weisesten.

Zufällig kam ich eines Tages mit einem Mann zusammen, der ohne sein Wissen die von Hartiss das ‹Gesetz der Harmonie› genannte Vorschrift übertreten hatte. Dieser Mann, Sohn und Grosssohn von sogenannten Heilern, hatte seit seiner Kindheit den Terror von Prozessen erlebt, in deren Verlauf sein Vater und sein Grossvater von medizinischen Gesellschaften wegen illegaler Tätigkeit angeklagt worden waren. Da er möglicherweise der einzige unter seinen Geschwistern war, der die entsprechende als ungesetzlich erachtete Begabung zeigte, beschloss er, ein Patent als Bewegungstherapeut zu erlangen. Ich traf ihn im Laufe seiner Ausbildung, und er erklärte mir verzweifelt, dass er seinesgleichen um so weniger heilen könne, je mehr er sein Wissen erweitere.

Seit jenen Tagen, da ich diesen Mann kennengelernt hatte, habe ich mich von allen Büchern, die Erklärungen für mein Tun bereithielten, ferngehalten. Ich verstehe nun auch die Worte meines Meisters besser, der eines Tages zu mir gesagt hatte, dass er mit dem Erlernen des Lesens – ich hatte ihn damals unterrichtet – gewisse Wahrnehmungsfähigkeiten verloren habe.

Es kommt sogar vor, dass Mediziner oder Bewegungstherapeuten die Kraft meiner Hände suchen, denn diese Hände vollbringen gelegentlich Dinge, die im ‹wissenschaftlichen› Bereich nicht durchführbar sind. Im Gespräch mit diesen Männern und Frauen – auch ausserhalb der direkten Therapie – zeigt es sich, dass wir stets zu den Quellen der Selbstversenkung zurückkehren müssen, um zur unbekannten Weisheit vordringen zu können. Auf diese Weise werden jeweils die Hindernisse zwischen dem Gebenden und dem Nehmenden abgebaut.

«Pierre», sagte mir Hartiss zu Beginn unserer Begegnung, «ein Mediziner ist ein Mensch, der dank seinem Gedächtnis all jene Dinge in Gedanken aufspeichern kann, die Tausende vor ihm herausgefunden hatten. Wenn er alles gelernt und gespeichert hat, verlässt er sich auf sein Gedächtnis, stellt eine Diagnose und verordnet eine Therapie, die sozusagen das Gegengift zu dem Leiden darstellt, das er vorher genau diagnostiziert zu haben glaubt.

Wir, die unwissenden Zigeuner, kennen diese Dinge nicht. Wir erspüren mit unseren Händen jenes Unbekannte, das den andern verborgen bleibt, und was wir finden, sind nur die Früchte ihres Misserfolgs. Die an der Machtlosigkeit ihrer Wissenschaft gescheiterten Männer, Frauen und Kinder kommen instinktiv zu meinen Händen, wie Blinde in der Nacht, die von einem sechsten Sinn an den Ort ihrer Bestimmung geführt werden. Es gibt Momente im Leben, mein Kleiner, wo sich die Wissenschaft dem Instinkt beugen muss; dies gutzuheissen zeugt von Intelligenz. Es war der Instinkt, der dazu führte, dass bei der Sippe meiner Grossmutter eine Ecke des Wohnwagens violett gestrichen wurde, damit die von der Plackerei der Fahrt Erschöpften dort neue Kräfte sammeln konnten.

Zur Zeit meiner Jugend, als ich mich, fern von meiner Sippe, auf der Suche nach einem ehemaligen Reisegefährten befand, legte ich mich abends oft erschöpft in einer Scheune zur Ruhe nieder. Ich musste dann nur an jene Ecke im Wohnwagen denken, und schon kam der Schlaf über mich. Das Prinzip funktionierte also genau gleich wie bei dem violetten, vom Arzt propagierten Stoffstück, von dem du mir erzählt hast. Die Erinnerung an diese Farbe hatte dieselbe Wirkung, wie wenn ich sie unmittelbar vor Augen hätte.»

Seit diesem Erlebnis in Saint-Germain-en-Laye habe ich die von Dr. Bachard empfohlene, durch das Wissen meines Meisters verbesserte Methode oft verordnet, doch zeigte sich auf vier Erfolge stets ein Misserfolg. Wird jedoch die von der Sippe verwendete Farbtherapie verwendet, so kann jedes Problem in bezug auf Schlaflosigkeit gelöst werden.

Eine Aufforderung, die Decke und gewisse Wände seines Zimmers violett zu bemalen, versetzt offensichtlich jeden Schlaflosen in Schrecken. Da ein Schlafzimmer eine Stätte der Ruhe sein soll, scheint es mir jedoch von grösster Bedeutung, dass diesem Befehl so gründlich wie nur möglich nachgekommen werde. Extremfälle können allerdings auch hier gefährlich werden; einem bekannten Filmregisseur hatte ich geraten, die Decke, die linke Wand und die in seinem direkten Blickfeld liegende Mauer seines Zimmers violett anzustreichen. In seinem Eifer liess der Mann den ganzen Raum violett übermalen und war alsbald wie von Drogen gelähmt ans Bett gefesselt. Der Exzess ist immer ein Fehler!

IV
Milchstrassen des Geistes

Bestehen unbekannte seelische Zusammenhänge zwischen Individuen mit denselben Vornamen, die zwar in verschiedenen Jahren, aber zu derselben Stunde und am selben Tag des Monats geboren worden sind?

Ich kann diese Frage noch nicht beantworten, doch hoffe ich eines Tages jenes ganz bestimmte Universum zu erreichen, wo sich alle vom Menschen je hervorgebrachten geistigen Schöpfungen wiederfinden, indem sie sozusagen eine ‹Milchstrasse des Geistes› bilden. Die Milchstrasse bedeutet aber auch Bewegung; Zeit und Raum, Gedanken und Gefühle sind erfüllt davon.

Hartiss sagte einst zu mir:

«Es gibt Menschen, die sind wie Gestirne; beide unterstehen mit ihren Kräften einem steten Lauf. Denk beispielsweise an Konfuzius, Kristo und Sokrates, die alle zuerst Menschen wie du und ich waren; drei Embryos, drei Säuglinge, drei kleine Jungen, drei Halbwüchsige und schliesslich drei Erwachsene. Erst ihre Überlegungen brachten sie dazu, drei verschiedene Formen subjektiven Empfindens in die Aussenwelt zu verlegen.

Diese Männer waren in der Tat ‹Sonnenmenschen›, deren längst erloschene Kräfte noch heute die Herzen jener erwärmen, die zu empfangen wissen. So wie du die Wärme der Sonne empfängst.

Das Denken entwickelt und verfeinert sich wie das Leben selbst im Rahmen der ihm zur Verfügung stehenden Zeit. Es gibt längst tote Sterne, deren Licht du eines Tages sehen wirst, so wie heute die Gedanken von Konfuzius, Sokrates und Kristo in das Bewusstsein der Menschen Eingang finden.

Ihr Denken starb am Tag ihres irdischen Daseins, so wie einst das Licht dieser Sterne erlosch, deren Strahlen dich noch nicht erreicht haben.

Stell dir einmal vor, mein Sohn, wie viele Sterne des menschlichen Geistes an jenem Tag erloschen, als die grosse Bibliothek von Alexandrien zerstört worden war!

Die Gedanken eines Konfuzius, Kristo oder Sokrates traten der Menschheit kühn entgegen und bewirkten so eine Bewegung des Denkens, die sich nur dank den dem gleichen Lauf dieser aus der menschlichen Seele entsprossenen Sonnen entwickeln konnte. Die Quellen, aus denen sie schöpften, waren jedoch unterschiedlich, gelegentlich sogar einander völlig entgegengesetzt.

Diese ‹Sonnenmenschen› hatten eine Art Trabanten, und ich glaube, dass es darunter Leute gab, bei denen in bezug auf Stunde, Tag und Monat der Geburt Übereinstimmung herrschte; sie traten ihren irdischen Lauf unter denselben Konstellationen an wie die Sonnenmenschen.»

In meinem ersten Buch «Unter Hexern und Zauberern» habe ich bereits ausführlich darüber berichtet, dass alle Männer, die mir das wenige, das ich weiss, beigebracht haben, Pierre hiessen. Je nach Herkunftsland wurden sie Pedro, Pierre oder Peter genannt, doch hatte jeder einzelne wie ich selbst an einem 17. September das Licht der Welt erblickt.

Da ich von den Wahrscheinlichkeitsgesetzen nichts wusste, schrieb ich all diese Zusammenhänge dem Zufall zu; heute muss ich jedoch zugeben, dass es in uns bis anhin unbekannten Sphären ein Gesetz gibt, das ohne unser Wissen mit klaren Befehlen auf all die Ereignisse einzuwirken vermag, die wir dem Zufall zuzuschreiben pflegen. Wir wissen von diesen Befehlen nichts, und dennoch fügen wir uns ihnen.

Der Mensch erklärt alles, was er nicht in Gleichungen ausdrücken kann, für unmöglich. Er will alles mit der Logik erklären, doch entgeht ihm dabei, dass niemand den vom schöpferischen Gedanken zur fertigen Form führenden Trieb in uns berechnen kann; der Gedanke führt über die Überlegung zum Endzweck. Welch unbekannte Wege mögen die Gedanken jener Menschen – oder vielleicht auch jenes einzelnen Mannes – gegangen sein, die zur Schöpfung des ‹Sonnentors› geführt haben? Niemand kann den Weg zurückverfolgen, der zur Schöpfung dieses Werkes gedient hat, das wiederum von Millionen Menschen im Sinne ihrer eigenen Gemütsbewegungen erlebt wird und das von den Wissenschaftern jeweils auf Grund selbsterworbener, zeitgemässer Bildung interpretiert worden ist.

Welch seltsame nebelhafte Milchstrasse von Gedanken durchzieht all die Emotionen, denen wir im Laufe der Zeit be-

gegnet sind; obwohl sich Wissenschafter hartnäckig darum bemühen, wird zweifellos die vorhandene Lösung dieses Geheimnisses nie gefunden werden. Wie viele können den Brustschild Tutanchamûns und jene in Lateinamerika gefundenen Goldplatten enträtseln? Wie viele wissen um das Geheimnis der mit unverständlichen Zeichen der Zigeuner übersäten Scheiben, wie diese hier, die nur das darstellt, was ich dank meiner Begegnung mit meinen Lehrmeistern geworden bin; das schematisiert dargestellte Weizenkorn versinnbildlicht das Leben, während der Pfeil auf die ihm innewohnende vorwärtstreibende Kraft hinweist. Die sieben Striche wiederum stehen für die beiden Sonnenformen,

d. h. für die zur Entwicklung animalischen Lebens unerlässliche Wärme sowie für die sieben zu Weisheit und Wissen führenden Pforten. Was das Kreuz unter diesen Symbolen betrifft, so ist hier nur der Knotenpunkt zweier sich kreuzender Wege von Bedeutung. Vergleicht man nun diese Zeichen mit dem zweiten hier gezeigten Symbol, so erkennt man, dass hier – obwohl ihnen eine andere Bedeutung zugrunde liegt – ebenfalls das Weizenkorn, die Sonne und der Pfeil Verwendung fanden. Es handelt sich bei diesen Zeichen, wie Hartiss sagte, um Sinnbilder, die einander gleich sind, was jedoch nur für die Wechselwirkung seines Zeichens mit dem meinigen Geltung habe.

Ich erinnere mich an jene Zeit, als die ägyptische Regierung die Schätze aus dem Grabe Tutanchamûns leihweise nach Frankreich geschickt hatte. Hartiss hatte die Ausstellung mehrmals besucht, und als ich eines Tages am Ausgang des Grand-Palais auf ihn gewartet hatte, sagte er zu mir:

«Wenn diese Schätze nach Ägypten zurückgekehrt sind, werden unter den vielen, die sie hier betrachtet haben – wobei es sich möglicherweise um Millionen handelt – nur zwei oder drei sein, die das Geheimnis dieser Gegenstände enträtseln konnten. Diese wenigen aber werden schweigen.»

Bild 5: Zigeunersiegel aus Zinn. Auf dem trapezförmigen Siegel oben links windet sich eine Schlange um einen nach oben gerichteten Dreizack: das für das Leben stehende Sinnbild erinnert an die Worte «ich werde von deinem Blute trinken». Das Rechteck oben rechts zeigt Sara zu Saintes-Maries-de-la-Mer. Aus zwei Vollmonden und fünf Mondsicheln bestehend, versinnbildlicht sie die Zahl sieben; das Ganze entspricht der symbolischen Darstellung der schwangeren Heiligen Jungfrau. Das untere Siegel zeigt den zunehmenden, Leben bringenden Mond, der unter dem Schutz der Schlange, dem Symbol des Lebens, der Weiblichkeit und Weisheit steht. Die ersten Abgüsse dieser Siegel sind von Claude Emery Derlon vom Stamm der Valenti hergestellt worden. (Photo: G. Loicel)

«Warum werden sie darüber nicht sprechen?»

«Weil das Geheimnis sich selbst hütet, mein Sohn».

«Wie kannst du das beweisen, Pietro?»

«Erinnere dich, Pierre, in deinem ersten Buch hast du in jenem Kapitel, das den Geheimnissen der Zigeuner im Innern der Kathedrale von Chartres gewidmet ist, vom Weg der Einweihung gesprochen. Es handelt sich dabei um einen geheimen, dem von mittelalterlichen Architekten errichteten Labyrinth entsprechenden Weg, dessen Ausgangspunkt an einem genau festgelegten, von dir ebenfalls erwähnten Ort der Kathedrale liegt. Dort beginnt dieser Weg, der zur Säule der Zigeuner führt. Nach der Veröffentlichung deines Buches ist diese Säule anderweitig nie erwähnt worden, als ob die Leser deren Existenz völlig vergessen hätten.»

Tatsächlich hat man mir auch nie vorgeworfen, dass das genannte Objekt in den Abbildungen nicht enthalten war; man hätte glauben können, bei allen sei der Wunsch, mehr darüber zu erfahren, ausgelöscht worden.

Ich weiss, dass es seltsame Dinge gibt, aber dass man das Ziel auf offener Strecke vergisst, scheint mir doch etwas aussergewöhnlich.

Der heutige Mensch, der bis in den Weltraum vorzudringen weiss, täte meiner Meinung nach besser daran, sich einmal diesen kleinen ‹Nichtigkeiten› zu widmen. Diese Dinge scheinen ihm unbedeutend, doch beruhen sie auf geistigen Kräften, denen er sich unbewusst unterwirft. Das ist das Geheimnis.

Bestehen Verbindungen zwischen einzelnen Menschen, wie es verschiedenartige Zusammenhänge in den Umlaufbahnen der Gestirne gibt? Gegen Ende der zwanziger Jahre starb an einem mir unbekannten Ort in Frankreich ein Zigeuneroberhaupt namens Alexis Sogranoff. Er verschied an einem Sonntag, dem 17. Februar, um zwölf Uhr mittags, am Tage seines Geburtstagsfestes.

Dies mag alles wenig aussergewöhnlich erscheinen, doch liess er sich an einen Baumstamm binden, um aufrechtstehend, inmitten der Vorbereitungen zu seinem Geburtstagsfest zu sterben. Dieser Patriarch verliess unser Tal der Tränen zu derselben Stunde, zu welcher er einst das Licht der Welt erblickt hatte. Dieses zeitliche Zusammentreffen lässt seine wahren Dimensionen erst dann erkennen, wenn man andere, bis anhin als Zufälle erachtete Wiederholungen miteinbezieht.

Am Sonntag, dem 17. Februar 1974, wurde mein Sohn Alexis Pietro José François um 12 Uhr mittags geboren. Die ersten drei Vornamen gab ihm meine Frau in Erinnerung an jene Patriarchen, die einst meinen Weg gekreuzt hatten, während er den Namen François von meinem Vater übernehmen sollte. Auch in diesem Falle schrieb ich die in bezug auf Leben und Tod übereinstimmenden Daten dem Zufall zu; einem Zusammentreffen im Grossen und Kleinen, im Positiven wie im Negativen. Dennoch eröffneten sich mir mit der Geburt unseres Sohnes jene Dimensionen, die weit über das mit Händen greifbare hinausgehen und zu denen ich – möglicherweise aus rein egoistischen Beweggründen – gerne vorzudringen pflegte. Am anderen Tag erklärte mir Hartiss, dass dieses Ereignis nur ein Glied in der Kette weiterer Zusammenhänge bilde und dass irgendwo auf dieser Erde ein anderer Alexander lebe, der – in einem ganz anderen Jahr – am selben Tag desselben Monats und zu derselben Stunde geboren sei wie unser Jüngster. Er riet mir, den Kleinen bis zu seinem zweiten Lebensjahr in der geheimen Tradition der Zigeuner-Kakus aufzuziehen, und er machte es mir zur Pflicht, die aussergewöhnlichen Umstände dieser Geburt bekanntzumachen, um allfälligen späteren Zweiflern entgegenzuwirken; nur allzusehr werden die Herzen gewisser Leute vom Wunderbaren erschreckt. Diese uns abstrakt erscheinenden Zusammenhänge sind in der Tat wunderbar, bewegen sie sich doch im tiefsten Innern des Menschen, der sie nur dadurch nutzen kann, dass er selber sozusagen zum ‹Projektionsapparat› wird. So finden wir dieses ‹projizieren› bei gewissen ländlichen Heilpraktikern, den früheren ‹Handauflegern› oder – falls die Kräfte auf der negativen Seite liegen – bei den Hexenmeistern. Der Mensch ist so geschaffen, dass sein Trachten und seine Taten nur zu Gutem oder zu Bösem führen können. Nur selten weiss er zwischen diesen beiden Möglichkeiten ein Gleichgewicht zu schaffen, und in Ermangelung einer anderen Möglichkeit erduldet er dieses Gute oder Böse, indem er es in seine Art zu leben miteinbezieht.

Auf diese Weise wusste ich vom zweiten Tag seiner Geburt an, dass die Existenz meines Sohnes unter dem Zeichen von Zusammenhängen stand, die mir als ‹Sesam öffne dich› zu einem anderen Universum dienen sollten. Traum, Utopie oder Halluzinationen im Grenzgebiet des Unbekannten? Ich kann es nicht beschwören. Seit fünfunddreissig Jahren wandle ich auf diesem Weg, den mir die Kakus offenbart hatten, und nicht ein einziges Mal bin ich dabei auf Bitterkeit und Enttäuschung gestossen: nur Zufriedenheit und Lebensfreude wohnten in mir. Diese Gefühle sind gewiss ein Erbe jener Philosophie der Zigeuner, die auch ich mir zu eigen gemacht habe und die zweifelsohne meine Art zu leben auf mannigfaltige Weise beeinflusst hat; dennoch finde ich dasselbe Gedankengut gelegentlich auch bei anderen Menschen, mögen sie aus tibetanischen Klöstern, aus dem afrikanischen Busch oder den weiten Ebenen Mexikos stammen.

Auf traditionelle, den ‹gezeichneten› Kindern der Zigeuner vorbehaltene Weise auferzogen, wurde mein Sohn alsbald zwei Jahre alt. Getreu meinem Versprechen erzählte ich allen, die unsere Wohnung oder unseren Wohnwagen betraten, jene Prophezeiung, die Pietro Hartiss am Tag von Alexanders Geburt gegeben hatte. Alle lächelten und hörten mir höflich zu; die Kommentare sparten sie sich wohl für später auf. Dieser Zustand hätte noch längere Zeit unverändert andauern können; ich selber bin ja auch erst von meinem neunzehnten Lebensjahr an mit Ereignissen dieser Art in Berührung gekommen. Bei Alexis nahmen die Dinge etwas schneller ihren Lauf: anlässlich eines gemeinsamen Nachtessens – die Gastgeberin war Régine Luciani von Radio France – erklärte mir Alexandro Jodorowsky, dass er der erwartete Mann sei. Er hatte in Chile an einem Sonntag den 17. Februar um 12 Uhr mittags das Licht der Welt erblickt.

Dieser Mann, der mir bis vor kurzem noch völlig unbekannt gewesen war, öffnete mir damals die Pforte zu einem Universum, in dem ich die einst von Hartiss offenbarten Geheimnisse wiederfand. Und dennoch, was für ein Unterschied bestand zwischen Jodorowsky, dem weltberühmten Cinéasten, und Hartiss, dem unbekannten Patriarchen! Ich war gewissermassen zum Bindeglied zwischen diesen beiden Männern geworden, die das Leben des einen mit der Existenz des andern verknüpfte; was sie sich zu geben hatten, ist auf diese Weise auch mir zuteil geworden. Diese beiden Schlüsselfiguren sind für mich zum Lebensatem geworden, und wenn ich zwischen Jodorowsky und dem Patriarchen auch nur ein Bindeglied war, so wusste ich um die Bedeutung dieses Verhältnisses und um die daraus resultierende geistige Bereicherung. Von dieser Begegnung an erklärte mir Pietro das Verhältnis zwischen Form und Zahl. Mein Gott, wie ist das alles schwer zu beschreiben; ich bin kein Wissenschafter und weiss oft viele Dinge, die ich mühelos auszuführen weiss, nicht in Worte zu kleiden.

Wir hatten soeben das Gebäude verlassen, in dem Alexandro Jodorowsky seinen nächsten Film vorbereitete, als mir Pietro mitteilte, dass er vorübergehend Frankreich verlassen müsse; die Zeit seiner Abwesenheit sei zur Herstellung eines Brustschildes – der Ausdruck stammte von Hartiss selbst – vorteilhaft. In einem Café an der Place des Ternes offenbarte mir der Alte gewisse Dinge, die zu diesem Unternehmen unerlässlich waren. Wie damals, als ich zwanzig Jahre alt war, erklärte der Meister dem inzwischen Fünfundfünfzigjährigen die seltsamen Zusammenhänge des Lebens; nur wenigen ist eine solche Bereicherung vergönnt. Der Unterricht von Pietro war stets so aufgebaut, als spräche ein Vater zu einem nie älter werdenden, noch völlig unwissenden, stammelnden Knaben.

«Pierre», sagte er mir damals, «ein Gegenstand kann auf recht verschiedene Weise hergestellt werden, doch ist der Ursprung eines jeden Gegenstandes stets der Gedanke; die Dampfmaschine, das Automobil, das Flugzeug und schliesslich die Rakete sind alles unbedeutende Gegenstände, die teilweise ihre Benützer versklaven und völlig in Beschlag nehmen; das Vordringen in andere Dimensionen wird verunmöglicht. Diese Menschen haben sich selber Grenzen gesetzt, die sie nicht überschreiten können. Da sie dieser Zustand aber beunruhigt, weisen sie all jene Verwegenen oder ‹Unwissenden› von sich, die das Immaterielle zu veranschaulichen wissen. Was unsichtbar ist, bewegt sich, und die Bewegung zeugt das Leben; alles auf dieser Erde ist Leben, Pierre, selbst die Mineralien bilden dabei keine Ausnahme. Erinnere dich an jenen Tag im Jahre 1941, als du mir in Chartres ein Stück Bleiglanz schenktest. Du erklärtest mir, dass nur das Blei die elektromagnetischen Wellen aufzufangen vermöge, worauf ich dir antwortete, dass ich weitere Mineralien kenne, die andere, für das Leben des Menschen unheilvolle Wellen aufzunehmen vermögen.

Es ist Zeit, dass du dich erneut diesen Wahrheiten näherst, die deine Mitmenschen längst vergessen haben, obwohl sie einst der Lebensquell ihrer Vorfahren waren.»

Plötzlich hörte er auf zu sprechen; er wusste, dass sich meine Gedanken nicht mehr auf seine Erklärungen zu konzentrieren vermochten.

«Pietro», sagte ich, «ich komme mit diesen Dingen, die du mir erzählst, nie ins richtige Gleichgewicht. Am einen Tag sprichts du vom Instinkt, am andern Tag von der Wissenschaft!»

«Ich spreche nicht über die Wissenschaft mit dir, Pietro. Nur über das ‹natürliche› Wissen; die Wissenschaft ist lediglich das Produkt des Denkvorgangs. So entstand der Beton nur auf Grund des Wissens um den Stein. Der heutige Mensch wird von der Künstlichkeit seiner selbstkonstruierten Welt erdrückt und ist nichts als eine Larve die sich verpuppt. Er erreicht nie das wirkliche Leben; ein elendes Insekt, das dem Tode geweiht ist, ehe es aufzublühen vermag. Derjenige aber, der den Lauf der Gestirne kennt und sich dieses Wissens auf natürliche Weise zu bedienen weiss, ist kein Wissenschafter, Pierre!

Du bist auch kein Wissenschafter, wenn du mit Hilfe einer Haselrute im Boden Wasser für deine Sippe findest, da lediglich gewisse Kräfte der Natur aufeinandertreffen. Auch wenn man Baumwolle oder Wolle zu spinnen weiss, ist man kein Wissenschafter; die Entfremdung von diesen Dingen aber zerstört unsere natürliche Daseinsform. Mit der Erschaffung des Künstlichen zerstört der Mensch seine Seele in demselben Masse, wie er seine Lebensgewohnheiten ändert.

Um die Dualität in dieser Welt zu wissen, ist ebenso wenig eine Wissenschaft wie die Erkenntnis, dass es unsichtbare Kräfte gibt, die von deinen Mitbrüdern als ‹Wellen› bezeichnet werden. Kaum geboren, muss sich der Mensch diesen Kräften stellen, um sie ihren guten oder schlechten Eigenschaften entsprechend zu bekämpfen oder aufzunehmen. So wie sich in einer Pfütze die Strahlen der Sonne und des Mondes widerspiegeln, so kann sich der Mensch natürlicher Hilfsmittel bedienen – und sei es nur ein einfaches, gekerbtes Stück Holz –, um die guten Kräfte einzufangen und die schlechten, sein Dasein zerstörenden Einflüsse abzuwenden. Von allen Lebewesen lehnt nur der Mensch seinen eigenen Instinkt ab, so dass er gleichzeitig auch die Erhaltung seiner selbst zerstört. Nur der Mensch hat die Fähigkeit, intelligente Überlegungen anzustellen, doch merke dir eines, mein Sohn: Gerade diese Intelligenz beraubt uns des natürlichen Gleichgewichts. Die Wissenschaft rottet die Insekten aus und vertreibt so die Vögel, für die keine Nahrung mehr vorhanden ist; gleichzeitig erhält sie aber jene unsichtbaren Monstren am Leben, denen wir in keinem Tierpark begegnen können. Erinnere dich an jenen Zigeuner namens Georgio, der eine gewisse Zeit seines Lebens wie ein Bruder mit dir teilte; er war der einzige, der dich zum wahren Kern der Ruhe zu führen vermochte. Von der Umwelt gequält, suchtet ihr beide den Frieden, der euch – wie die Tiere – vor den zu Feinden gewordenen Menschen schützen sollte. Sie erachteten euch als Tiere und, glaube mir, mein Kleiner, wenn du ein Leben wie das unsere führst, so wird dich noch mancher Stein und manch geifernde Verachtung treffen.

Die Deinen spotten über die magischen Tänze afrikanischer Hexenmeister, aber wie viele von ihnen sind schon gestorben, weil sie sich diesen Geheimnissen zu sehr genähert haben? Unfähig, eine geistige Bereicherung daraus zu ziehen, können sie mit Dingen dieser Art nicht in Berührung kommen. Glaubst du, dass du diese Fülle des Daseins erreicht hättest, ohne dein Leben unter das Zeichen der natürlichen Zusammenhänge gestellt zu haben? Allein schon die Schrift zerstört vieles in dir; jene aber, die bis zur Schwelle unseres Daseins vordringen, erfahren nicht viel mehr als einzelne Teile unseres Seins.

Du bist nur eine Kerze, mein Sohn, deren Flamme ich aus dir unbekannten Händen empfangen und weitergegeben habe. Du weisst von diesen Männern so wenig, wie die Eiche von dem Keimling weiss, dem sie entsprossen ist.

Die Überlegung zerstört nur allzu oft das Leben und führt zu lähmendem Irrtum.»

Wenn Hartiss so zu mir spricht, glaubt man sich wie von sphärenhaften Wesen berührt; seine leuchtenden Augen werden zum Quell, und ich tauche in seinen Blick, so wie ich es bei meiner Frau und meinen Kindern in Augenblicken höchsten Glückes erlebe. Wie viele Menschen erfahren wohl je so starke Gefühle, die, zu oft erlebt, für einige gewiss gefährlich wären? Oft sagte mir Hartiss, dass alles mit grösster Sparsamkeit zu geniessen sei; der Mensch muss nur das Wesentliche besitzen, und das ist jene lebenserhaltende Kraft, die auf beinahe unvergleichliche Weise zerstört wird. Die Leute glauben, dass ihre Lebensweise eine Entfernung von allem Lebenden bedingt.

«Warum sagst du, dass man alle Dinge mit äusserster Sparsamkeit geniessen soll, Pietro?»

«Weil eine im Übermass genossene Sache dein Tod sein kann, mein Sohn.»

«Wie meinst du das?»

«Stell dir vor, du würdest auf einer einsamen Insel leben, die nur von Tauben bewohnt wird. Um dich zu ernähren, issest du täglich eine Taube; innerhalb eines Monats würdest du sterben, denn das Taubenfleisch ist eine zu reichhaltige Nahrung, als dass es dem Menschen längere Zeit hindurch zuträglich wäre. Zur Zeit der grossen Sippen gab es bei uns einen Richterspruch, der den Straffälligen dazu verurteilte, für die Dauer eines Mondumlaufs keine andere Nahrung als Taubenfleisch zu sich zu nehmen. Ehe sich Körper und Augen safrangelb verfärbten, musste eine kräuterkundige Frau zu jeder Malzeit einen Kräuterabsud herstellen, um bei dem Verurteilten die sich sonst unweigerlich einstellende Magenschwäche zu beseitigen. Belächle diese aus den tiefsten Gründen meines Wissens geschöpften Beispiele nicht, Pierre! Kehren wir zu diesen unsichtbaren Kräften, die uns umgeben, zurück. Von deinen Mitbrüdern erfundene Apparaturen können ‹Wellen› dieser Art einfangen, und das Fernsehen ist nicht mehr und nicht weniger als ein Abglanz des magischen Spiegels islamischer Legenden. Die Menschen aber sind so beschaffen, dass sie alles, was physikalisch nicht beweisbar ist, von sich weisen. Eines Tages wird es vielleicht jemandem gelingen, eine dieser ‹Todes- oder Lebenswellen› ins Sichtbare umzusetzen; er wird sich sodann einem Brustschild der Zigeuner oder eines längst verstorbenen Pharaonen gegenübergestellt sehen und im Laufe eines Sonnenjahres Veränderungen bemerken, die sich nur auf Grund mir heute noch unbekannter, gewiss aber vorhandener Erkenntnisse feststellen lassen.»

Erneut schaute ich ihn an und sagte:

«Pietro, wie kannst du diese geheimen Dinge wissen, während neunzig Prozent der Deinen nicht einmal ihren Namen schreiben können?»

«Jener Schäfer auf der Alp, der den Flug der Vögel zu deuten wusste, konnte der auch lesen? Dennoch bin ich überzeugt, dass er den Lauf der Gestirne genau kannte. Nicht durch mich hast du ihn gefunden, sondern auf Grund eines plötzlichen Einklangs zwischen dir und ihm. Versuche nicht zu verstehen, mein hochmütiger Sohn; begnüge dich damit, diese Dinge anzunehmen, und wisse, dass es Menschen gibt, die dich um diesen Blick in mein tiefstes Inneres beneiden werden. Man wird versuchen, an diesem Blick teilnehmen zu dürfen. Der Hochmut in dir, mein Sohn, muss vernichtet werden! Nur so kannst du zu einem Quell geistiger Nahrung werden; du bist unbedeutender als ein Sandkorn, und du wirst erst an jenem Tag zu einem Erleuchteten, an dem du erkennst, dass du nur ein Sandkorn bist. Was ist ein Sandkorn im Lehmmörtel? Nichts, absolut nichts als eine Notwendigkeit, ein unentbehrlicher Bestandteil des Ganzen; auch der Mensch ist ein solches Sandkorn. Manchmal überlege ich mir, was für Schwierigkeiten ich mit dir gehabt hätte, wenn du länger als bis zu deinem dreizehnten Jahr die Schule besucht hättest. Ich denke an die Kämpfe zwischen uns beiden, falls man dir eine sogenannte Bildung hätte angedeihen lassen, und an meine Sorgen um dich, wenn du auf offiziellem Wege Mediziner oder Ingenieur geworden wärst. Du wirst mich verstehen, sobald dir jene ins Gesicht lachen, die auf Grund ihrer widernatürlichen Wissenschaft alles zu beherrschen glauben; in Wirklichkeit zerstören sie sich mit ihrem ‹Wissen› selbst.»

«Du übertreibst», entgegnete ich.

«Meinst du?» Nach einem längeren Schweigen fuhr er fort: «Ich erinnere mich, dass die Sippe einst von Fischen lebte, welche aus Flüssen stammten, die heute nicht einmal mehr einen Krebs enthalten. Wenn man bedenkt, dass sich die Krebse von Plankton und ähnlichem Material ernähren, so fragt man sich, wie dieses Material heute wohl aussehen mag, dass es selbst für einen Krebs kein Überleben mehr gibt. Und dies in Gewässern, die einst ganzen Sippenlagern Nahrung geboten haben!»

Erneut schaute er mir tief in die Augen und fuhr fort: «Deine Reisen haben dich mit den Fahrenden, meinem Volk, zusammengebracht. Diese echten, auf den Strassen Frankreichs umherziehenden Nomaden – die auch deine Brüder sind – weigern sich, in die Enge der Städte eingesperrt zu werden. Hast du bei diesen Menschen, die wie du nach den Gesetzen der Fahrenden leben, jemals ein mongoloides Kind, einen Idioten oder einen Geburtsgeschädigten gesehen?»

«Nie, Pietro.»

«Verstehst du nun, was diese uns innewohnende Kraft bedeutet? Sie steht ausserhalb jeder Gefühlsduselei und jeden Dogmas: durch den Einzelnen dient sie der harmonischen Entwicklung aller. Die Monstrosität bedingt, dass man die Monstrosität leben lässt. Das Wissen deiner Artgenossen führt dazu, dass Existenzen, die nicht leben müssten, zu einem Dasein gezwungen werden; derjenige aber, der den Sinn für die natürlichen Gesetze verloren hat, schafft das Ungeheuerliche. Dasselbe Schiesspulver, das ein Feuerwerk entfacht, zerreist in Form einer Bombe Kinder in Stücke; auch hier pro und kontra, hoch und niedrig, das Gute und das Schlechte wie bei den Kräften – den sogenannten ‹Wellen› –, die uns umgeben.»

«Ach, da haben wir's wieder», meinte ich lachend, «du verlierst den Faden deines Themas nie, Pietro, du alter Fuchs! Du erwischst mich immer wieder!»

«Ich bin kein Fuchs, Pierre ich bin ein Wolf. Du folgst mir, und andere sind in deinem Gefolge. Vergiss nicht, weil wir Wölfe sind, bist du hinter mir, denn nur die Wölfe laufen einzeln hintereinander her. Die Existenz des ganzen Rudels hängt vom Instinkt des Führers ab; aus diesem Grunde offenbare ich dir diese Dinge, denn du selbst lebst ja wie ein Wolf. Die Zigeuner, die dir zur Familie geworden sind, fallen vielen lästig, und die Verachtung, die du gewissen Leuten ausserhalb unseres Kreises entgegen bringst, ist die Verachtung des Wolfes. Ich rate dir deshalb immer wieder, jeden Hochmut abzulegen, da der Wolf nicht hochmütig, sondern stolz ist.

Sei stolz auf das, was du bist, so wie deine Söhne stolz auf dich sind, auf dass du den Hochmut verachtest und ein richtiger Wolf werdest. Gespräche dieser Art führen mich oft in erschrekkende Gefilde, die den Zusammenhängen des menschlichen – und meist geheimgehaltenen – Innenlebens jedoch sehr zuträglich sind. Für mich sind diese Gespräche wie Faustschläge. Sie rufen mir auch jene Zeltdächer in Erinnerung, die nach allen Regeln der Kunst über die vier Ecken eines Zigeunerwagens aufgespannt werden. Diese Vollkommenheit, diese Vollendung muss auch ich erreichen.»

«Was ist unter ‹Vollendung› zu verstehen?»

«Ich meine damit jene Dinge, die wir erreichen müssen, da sie in Verbindung mit dem Unendlichen stehen.»

«Ein Brustschild», sagte Pietro, «ist die Vollendung des Unsichtbaren, das geschaffen wurde, damit man es sehen kann. Er ist gewissermassen das Lichtbild eines Menschen. Wer durch dieses hindurchzuschauen versteht, der erkennt jenes Menschen wahres Sein. Erst durch das Objekt wird das Nicht-Materielle geschaffen, denn das Nicht-Materielle erschafft sich selbst. Sein erstgeborenes Kind ist der ‹Gedanke›, seine Energie ist der Instinkt. Damit hat es auch schon sein Bewenden. Das Nicht-Materielle bleibt hinfort stumm: es wartet darauf, bis ich es läutere.»

«Du stösst mich voran und gibst mir ein Bilderrätsel zu lösen auf, Pietro, und die verlangst von mir, dass ich den Instinkt mittels der Intelligenz in die Schranken weise.»

«Dummkopf», schrie er auf, «lässt etwa die Intelligenz den in die Falle geratenen Fuchs so zielsicher seine Pfote bis zum Knochen durchnagen, dass der Fallensteller am Morgen nur noch ein einzelnes, wie von einem Chirurgen abgetrenntes Glied findet? Ist es etwa die Intelligenz, die bewirkte, dass zur Zeit der langen Fahrten unsere Pferde beim nächtlichen Kampieren vor den Toren eurer Städte nicht wieherten? Und schreibst du es der Intelligenz zu, dass Georgio stets den Schneisen der Wasservögel folgte, so dass euch im Dickicht der Wälder kein einziger Wildhüter entdecken konnte?»

Georgio! Dreissig Jahre sind vergangen, und dennoch sehe ich seine riesige Ringergestalt noch so deutlich vor mir wie zu meiner Jugendzeit. Wenn wir uns eines Tages auf einer Kreuzung der schmalen, von mir bevorzugten Landstrassen begegnen würden, wüssten wir wohl beide sehr genau, was wir zu tun hätten. Keine Bewegung wäre zuviel. Zufällige Begegnungen dieser Art sind schrecklich und oft so unerwartet, dass man wie festgenagelt bewegungslos und wortlos stehenbleibt; in unserem Gedächtnis regt sich ein fernes Wissen um unzerstörbare, visuell nicht erfassbare Dinge. Es gibt Menschen, die tragen in ihrem Herzen so viel von diesem Wissen, dass ihr ganzes Dasein davon bestimmt wird; sie sind wahre Monumente des Geistes.

Georgio war für mich ein solches Monument des Geistes. Das Dasein dieses Analphabeten spielte sich in einem mir unbekannten Rhythmus ab, den ich voller Freude anzunehmen bereit war; noch erinnere ich mich jener morgendlichen Stunden, in denen beim Erwachen die Gräser von den Tränen des Taus benetzt waren.

«He da, Kleiner, es ist Zeit, dich zu waschen. Nur wenige haben eine solche Gelegenheit, nutze sie!»

Ich sehe ihn noch heute, wie er sich mit blossem Oberkörper

im Licht der ersten Sonnenstrahlen vor dem Rückspiegel unseres Wohnwagens rasierte und in ein unbändiges, vor reiner Lebensfreude sprühendes Lachen ausbrach.

Ach, Georgio, noch nach dreissig Jahren sehe ich den Glanz deiner Augen vor mir und gelegentlich suche ich allein eine entlegene Stelle des Waldes auf, um dort zu den von dir offenbarten Quellen zurückzufinden, die mich einst zur Lebensform deiner Vorfahren geführt haben. Auch sie haben sich im morgendlichen Tau gebadet, und wie wir formten sie aus Luzerne doppelte Vierecke, die jenen ‹Gärten der Einweihung› und den Sonnen-Brustschildern vorausgingen, über deren Konstruktion und Aufgabe ich noch eingehend berichten werde. Dieses Buch ist nämlich nichts anderes als die Quintessenz meiner Erlebnisse, die mich mit unterschiedlichen, in ihren Botschaften jedoch sehr verwandten Menschen zusammenführten. Die Taubäder Georgios, der ‹Garten› des Biglia sowie die von Hartiss veranlassten Brustschilde haben eine Gemeinsamkeit; alle drei sind aus zwei Quadraten geformte Rechtecke. Die Taubäder dienen dem physischen Gleichgewicht, die ‹Gärten› erneuern den Instinkt, und der Brustschild absorbiert oder bannt durch seine Form die uns umgebenden positiven und negativen Kräfte.

«Denke über die Taubäder nach, Pierre, und du wirst erkennen, dass auch hier nichts auf Zufall beruht. Die Gadjos benötigen zum Waschen ihrer Körper Badewannen oder Schüsseln, während wir Flüsse und Teiche benützen; das Resultat dieser unterschiedlichen Badesitten, nämlich die körperliche Sauberkeit, ist überall dasselbe. Das Taubad hingegen dient nicht nur der Hygiene, sondern es regeneriert den Körper auf Grund seines in geheimnisvoller Nacht, aus unsichtbaren Quellen gespiesenen Wassers. Der Tautropfen ist im Gegensatz zum Regenwasser ein sehr kostbares Ding; er stirbt mit fortschreitendem Tagesanbruch, da die Strahlen der Sonne seine Kraft zerstören. Wenn meine Grossmutter Heilkräuter sammelte, so ging sie barfuss. Dank diesen Märschen im Tau hatte sie die Kraft, nach so hoch in den Bergen gewachsenen Kräutern zu suchen, dass sie oft erst nach dem Mittagessen zurückkehrte. Sie schien nie müde zu sein.

Zur Zeit der grossen Wanderschaften wälzten sich die Mitglieder unserer Sippe im taufrischen Gras, um die Quellen der Nacht ausschöpfen zu können; ihre Ausdauer auf den Landstrassen war bemerkenswert, da sie als einzige oft doppelt so weit zu marschieren vermochten.

«Die Brüder deiner Rasse sind Dummköpfe, Pierre! Seit langem suchen sie nach dem Geheimnis des Jungbrunnens; er liegt vor ihnen, denn der Tau, dieses Geschenk der Natur, findet sich überall. Doch nur die Zigeuner wussten sich dieses Quells zu bedienen, der so leicht zu finden und für meine Vorfahren so unentbehrlich war. Nur noch wenige von uns erinnern sich dieses Geheimnisses, aber da du davon weisst und selber davon profitierst, solltest du deinen Mitbrüdern über die Technik dieser Taubäder erzählen. Diejenigen aber, die sich auf Grund deiner Beschreibung diesem Ritual unterziehen, werden fortan deine Daseinsform besser verstehen, da sie zu einer der geistigen Quellen deiner Existenz vorgedrungen sind.»

V
Die Taubäder

Welche Freude, ein von der Wissenschaft längst vergessenes Geheimnis mittelalterlicher Alchemie offenbaren zu können! Die Zigeuner, Nachkommen der vormals als ‹Klein-Ägypter› bezeichneten Völkerschaften, haben dieses Erbe bis in unsere Tage weitergepflegt.

Der Ort

In einer Ebene vorgenommene Bäder sind am wirksamsten; das auf den weiten Horizont gerichtete Auge erfasst unbewusst jene ganz bestimmte, kurz vor Tagesanbruch herrschende Atmosphäre, in der die Nachtigallen verstummen und die Wasservögel schneller zu laufen beginnen.

Die Pflanzen

Zum Sammeln des Taus eignen sich am besten die Pflanzen wilder Grasebenen. Oft finden sich hier auch reichlich Brennesseln, wilder Hafer und Klee. Dieses von den Bauern geringschätzig als ‹Hasenfutter› bezeichnete Grün bildet ein harmonisches Ganzes, das sich zum Einsammeln des Taus, dieser Wohltat der Natur, aufs beste eignet.

Die Anordnung

Stecke mit Hilfe deines Schrittmasses die Abgrenzungen des Bades ab; miss vier Schritte für die Länge und zwei Schritte für die Breite, und reiss an allen vier Ecken einen Klumpen Erde mitsamt den darauf wachsenden Pflanzen aus dem Boden. Dasselbe tue jeweils in der Mitte der beiden Längsgeraden, so dass insgesamt sechs kleine Hügel vorhanden sind.[4]

Gib nun diese Erdklumpen in einen Sack aus Leinen oder Hanf und lege das Ganze beim Schlafengehen unter deinen Kopf. Der hintere Teil des Schädels soll darin gut eingebettet sein; im übrigen muss der Kopf mit einem Tuch oder mit Laubwerk zugedeckt werden, da das Schlafen unter freiem Himmel nicht zuträglich ist. Die nächtlichen Gestirne sind für den Menschen unheilvoll, solange er keinen Brustschild auf sich trägt, der die positiven und negativen Kräfte in die richtigen Bahnen zu lenken weiss. Nur wer sein Haupt vor diesen weit verstreuten Lichteinflüssen verhüllt, ist geschützt; der Glanz der Sterne ist hübsch anzusehen, doch zerstört dieses Licht alle Instinkte in uns. Aus diesem Grund schützt der Mensch seinen Schlaf seit Urzeiten mit einem Obdach aus Stein, Holz oder Tuch. Die empfindlichsten bauen sich einen Schutz aus Stein, Holz, Dachziegeln und Schiefer, um dort ansässig zu werden, wo sie bis an ihr Lebensende bleiben. Nur die Nomaden verwenden kein anderes Material ausser Holz und Tuch; ihre Daseinsform ist den Sesshaften aber lästig, da selbst der Tod ‹auf der Strasse› stattfindet. Der Fahrende richtet sich weder im Leben noch im Tode ein: er ist unterwegs. Der von trügerischen Wissenschaften beeinflusste Mensch misstraut allem nicht Sesshaften, und aus diesem Grunde weiss er auch von den Taubädern nichts mehr. Diese Bäder sind nur dem Fahrenden möglich, der sie dort vornimmt, wo ihn der Zufall hinführt. Dazu eignen sich weite Ebenen – die oft die besten Resultate zeitigen –, doch können die Bäder auch am Abhang eines Berges oder auf einem Hügel vorgenommen werden. Noch besser eignet sich ein Ort mitten in der Heide, wo das Mineralische über die pflanzlichen Elemente triumphiert; wo der Leib eine Stätte finden muss, an welcher er sich sammeln kann, wo der Badende seinen Weg zwischen Lebendem und Erstarrtem suchen muss.

Die Vorbereitung

Alles, was die Freiheit des Körpers auf irgendeine Weise beeinträchtigt, muss vor dem Einschlafen abgelegt werden, trage keine Kleider, lege dich hin und entspanne dich auf deine gewohnte Weise unter einem Tuch aus Leinen, Baumwolle, Seide oder Wolle. Es ist sehr wichtig, dass man so vom Schlaf in den Wachzustand zurückkehrt, wie man einst den Leib seiner Mutter verlassen hat. Lege dich so hin, dass deine Füsse nach Westen gerichtet sind, denn das Nahen des Tages wird zuerst vom Kopf wahrgenommen. Vergiss nicht, dass der Tau nur für einen kurzen Augenblick, nämlich gerade vor dem Aufleuchten der ersten Sonnenstrahlen, seine Wirksamkeit entfaltet. Nachher ist es zu spät; das Nass trägt dann bereits den Odem des Todes in sich.

Das Bad

Instinktiv wirst du wissen, dass der richtige Zeitpunkt gekommen ist. Du erwachst ruckartig und stehst sofort auf. Kontrolliere den Rhythmus deines Atems und gehe mit lose hängenden Armen auf das Rechteck zu, wo das regenerierende, auf den Pflanzen angesammelte Wasser auf dich wartet. Bleib ganz ruhig und bewegungslos; versuche dir die Wärme der Sonnenstrahlen auf deinem Körper vorzustellen. Konzentriere dich auf den Horizont und beobachte das ersterbende Licht der Sterne. Dein Körper verspürt den nahenden Tag, wirf dich bäuchlings auf die vom lebenspendenden Tau benetzten Pflanzen. Atme ruhig und versuche deine Körperwärme auf die Erde und die auf ihr wachsenden Pflanzen zu übertragen; drehe dich mit langsamen fliessenden Bewegungen um, lege dich auf den Rücken und richte deinen Blick auf die Sterne.

Sobald die Dämmerung dem stärker werdenden Sonnenlicht weicht, begib dich auf die andere Seite des Rechtecks und vollführe die koordinierten Bewegungen eines an Land gezogenen Fisches. Erst jetzt darfst du das Bad beenden. Dein Körper ist mit Blättern, Blumen und wilden Gräsern bedeckt, und du gehst der erwachenden Sonne entgegen. Kehre erst dann zu deinem Wohnwagen oder in dein Zelt zurück, wenn der Gesang der Vögel an dein Ohr dringt.

Diese Anweisungen mögen gewissen Lesern ein Lächeln entlocken; gerade diese möchte ich aber überzeugen können. Gegen Zweifel dieser Art gibt es nur ein probates Mittel, nämlich die hier beschriebenen Erfahrungen selber zu machen und seinen Kommentar auf einen späteren Zeitpunkt zu verschieben. Wer diesen Versuch gemacht hat, wird der Herstellung eines Brustschildes mit mehr Verständnis begegnen, da er gewisse Dimensionen berührt hat, die ihm zwar fremd, aber dennoch vorhanden sind. Die Sache ist überprüfbar, habe ich doch ein Mittel zur Erreichung dieses Zustandes hier aufgezeichnet!

In dem Augenblick, wo der Körper die Grasfläche berührt, müssen wir unsere Atmung vollkommen unter Kontrolle halten; dies ist sehr wichtig, denn die Berührung mit dem Erdboden ist schrecklich. Gerade aber dieser Erlebnismoment wird euch von der Richtigkeit des Versuches überzeugen. Das schaudernde Gefühl, das einen bei der Berührung mit dem Tau befällt, kann weder mit dem Eintauchen in ein Schwimmbecken, einen Fluss oder See noch mit einem Sprung ins offene Meer verglichen werden. Ich kenne Männer, die in Löchern vereister Gewässer zu baden pflegen; laut Hartiss hatten sie dasselbe Erlebnis auf einer taufeuchten Wiese. Das Bad hatte ihren Blick verändert, ihre Gespräche waren völlig anders geworden und ihr Bedürfnis, sich zurückzuziehen, war so stark, dass sie sich gelegentlich mit kindlichen, beinahe stotternden Worten dafür entschuldigten. Ich musste darüber lächeln und war glücklich, denn ich weiss, dass der Mensch nach dem erfolgten Taubad den dringenden Wunsch nach Einsamkeit verspürt; er zieht sich zurück, bis die Sonne im Zenit steht.

«Der Tau», so erklärte mir Georgio, «ist kein Wasser, es ist nicht einmal zu Flüssigkeit gewordener Nebel; er kommt nicht aus der Erde und fällt nicht vom Himmel. Der Tau ist das Blut der Pflanze. Er perlt über deren Oberfläche und nährt sie Tag und Nacht. Dem Stengel entspringend, verteilt er sich über die ganze Pflanze, legt sich auf deren Ranken, Blätter, Blüten und Samen und wird demjenigen zu Kraft und Nahrung, der danach zu suchen weiss. Wenn du dich von Hasen, Rüben, einem Huhn oder von Kartoffeln ernährst, so musst du den Hasen und das Huhn töten, die Rübe und die Kartoffel ausreissen und etwas Lebendes zerstören; du tötest und ernährst dich von toten Dingen.

Beim Taubad wird das Leben selbst zur Nahrung; deine Haut nimmt das Blut der Pflanzen auf, und je ‹echter› dieser Vorgang stattfindet, um so deutlicher werden danach die Konturen deines Körpers auf dem Boden zu sehen sein. Ja, mein Bruder, deine Gliedmassen hinterlassen dort, wo sie das Nass des Lebens aufgenommen haben, sichtbare Spuren, die an das Schweisstuch des Kristo zu Turin erinnern mögen.»

Wenn ich an mein erstes Taubad zurückdenke, so sehe ich zwei verschiedene Abdrücke vor mir; während das Gras mit dem Abdruck von Georgios Körper wie verbrannt aussah – es knisterte zwischen den Fingern wie Stroh –, so war an der Stelle, an der ich gelegen hatte, nur eine skizzenhafte Andeutung meiner Konturen zu sehen.

«Du warst eben weniger hungrig als ich», sagte Georgio damals und klopfte mir auf die Schulter.

Ich weiss heute, dass mein Hunger gleich gross war wie der deine, mein Bruder. Falls diese Zeilen eines Tages in deine Hände gelangen, so wisse, dass es mir nie gelungen ist, die Konturen meines Körpers dem Grün einer Wiese auf so erstaunliche Weise einzuprägen wie du, Pietro. Aus jener Zeit, in der du mich den Instinkt wiederzufinden lehrtest, ist mir, deinen Bemühungen zum Trotz, nicht einmal das Unterscheidungsvermögen zwischen den Spuren eines Fuchses und denen eines Dachses geblieben. Ohne Zweifel ist es für einen Menschen schwer, seinen Instinkt zurückzuerlangen, wenn er eine gewisse Zeit seines Lebens dem Gift der tödlichen Zivilisation verfallen war.

Und dennoch, Georgio, wird sich eines Tages ein Wissenschafter – ich spreche bewusst in der Einzahl – über ein Stück Grasfläche beugen, das die Spuren eines vom Tau benetzten Körpers trägt; dieser Wissenschafter wird möglicherweise den Tau künstlich herstellen, um ihn in Supermärkten anzubieten. Eine ähnliche Sache geschah bereits mit dem Pinselschimmel, der, seit langem von der Sippe Hartiss' verwendet, von Fleming entdeckt, umgewandelt und als Penizillin über die grossen Pharmakonzerne auf den Markt gebracht worden ist. Oft fällt mir auf, dass ich Dinge verwirkliche, die ich mir selbst nicht erklären kann; ich habe oft den Eindruck, als wäre ich ein zigeunerischer Zauberer, der einen Schöpflöffel voll flüssiges Zinn in den Fluss wirft, um anschliessend anhand der ‹naturgeformten› Figur das ‹Warum› und das ‹Wie› dieses abstrakten Gegenstandes zu ergründen. Dabei offenbart sich die Denkweise des Deutenden, der den Gegenstand seinem Temperament und seinen Emotionen entsprechend interpretiert.

Jedes Individuum hat seine eigene Art zu diagnostizieren. Im Falle einer Krankheit braucht es gelegentlich eine Unmenge von Medizinern, oft sogar Spezialisten, um eine genaue Diagnose erstellen zu können; alle diese Männer und Frauen besitzen dasselbe Diplom, dieselbe ihr Können verbriefende Urkunde. Wie wenigen aber gelingt es, den einzigen zu einer präzisen Diagnose führenden Weg einzuschlagen! Wie oft – so erzählte mir Hartiss – öffne ich, der Unwissende, einem verzweifelten Mann oder einer hoffnungslosen Frau die Türe, die, von der ‹Wissenschaft› im Stich gelassen, bei meinen Händen die letzte Rettung suchen. Hier bei diesen Händen, die nichts ‹wissen›, die nicht sehen können und dennoch gelegentlich eine Kraft besitzen, die dem Tau vergleichbar ist. Ich gehe mit diesem Tau jedoch sehr sparsam um, als wäre seine Kraft, wie mich Georgio in bezug auf die Bäder lehrte, nur innerhalb eines sehr begrenzten Zeitraums verfügbar. Ach, es gibt Geheimnisse, deren sich die von ihren Wissenschaften verblendeten Menschen annehmen sollten. Alle sind diesen Dingen gegenüber blind, weil sie zu wissen glauben; ihr ‹Wissen› aber enthält nichts als Leere, die sich wie ein Berg gebärdet. Der Mensch selber aber watet noch mit beiden Füssen im Urschlamm.

Dieser Mann wird eines Tages auf Grund eines falschen, sich den guten Kräften widersetzenden ‹Sonnenmenschen› sterben, dem diese Eigenschaft nur für die Dauer der Zerstörung zur Verfügung standen; der Mensch entfernt sich von den positiven Sonnenkräften, sobald er sich mit den zerstörenden Kräften des Todes befasst. Ein letztes Lächeln, ein letzter Blick, und die Augen meines Meisters schliessen sich. Sein Gesicht wird von der Ruhe geprägt, so wie es einst das Leben widerspiegelte. Einer der letzten ‹Sonnenmenschen› ist in das Meer der geistigen Ruhe eingetaucht.

Ich lege mich an eine Wegböschung und erlebe Augenblicke der Stille, die meiner Seele Nahrung sind; glücklich derjenige, der solche Augenblicke wahrnehmen kann!

VI
Das Geheimnis des Labyrinths

Hartiss zeichnet den ersten Kreis auf das Papiertischtuch des Bistros, gerade neben seinen Teller. Der Bleistift ist so klein, dass er ihn mit den Fingerspitzen halten muss, und ich frage mich, was er mit diesem abgenutzten Stummel wohl schon alles entworfen hat.

Wie immer sind die Blicke aller Anwesenden auf das Gesicht des Alten gerichtet, und schon höre ich wieder die mir wohlbekannten Worte:

«Pierre, eines Tages wird dein Gesicht wie das meine sein; es wird die Herzen derjenigen, die es richtig zu betrachten wissen, mit meinen Kräften erfüllen. Bei allem, was du tust, musst du stets daran denken, dass du nur ein Widerschein längst vorhandener Dinge bist. Du wirst wie ich zu einem Werkzeug, das nur dem Widerschein deines innersten Ichs Ausdruck zu verleihen mag. Ein heiterer Mensch ist von Daseinsfreude erfüllt, und sein Gesicht lässt jene innere Flamme erkennen, die seinen Geist beflügelt; in diesem Sinne ist ein Brustschild nichts anderes als der sichtbar gemachte Odem des Lebens.»

«Aber, Pietro, du hast mir immer gesagt, dass dieses Umsetzen in sichtbare, mit Händen befühlbare Formen eine Frage der Intelligenz sei; die damit verbundenen Gedanken würden jeden Instinkt zerstören.»

Er lächelte und sagte:

«Erzähle mir ein bisschen von der ‹Zivilisation› der Ameisen, der Bienen, des Bibers und der Termiten. Erkläre mir die ‹Intelligenz› in bezug auf das Verhalten des Raben unter seinesgleichen. Deute mir auch das Abgrenzen eines Territoriums, wie wir es bei den Wildkatzen beobachten können. Diese Dinge gibt es, seit die Welt besteht: sie sind unzerstörbar, weil sie vom Instinkt getragen werden. Erst die Menschen haben diesen Tieren ein ‹intelligentes› Verhalten zugeschrieben. Das ist falsch, mein Kleiner, denn die Intelligenz setzt Gedankengänge in Bewegung, und die Gedanken zerstören den Instinkt! Glaube mir, die Bienen, der Rabe, der Biber und die Ameise unserer Tage sind Brüder und Schwestern jener Artgenossen, die vor 10000 Jahren gelebt haben; wenn du in irgendeiner Ecke des Waldes leben willst, so musst du wie die Wildkatze mit deinem Urin die Grenzen abstecken, um wirklich Ruhe zu haben. Das ist ein unzerstörbares, vom Instinkt getragenes Gesetz der Natur. Der Mensch, das schwächste Wesen der Schöpfung, hat es auf Grund seines Entfernens von allen Instinkten verstanden, sich selber zu zerstören und die Tiere auf diesem Weg ins Nichts mitzureissen. Er zerstört sie mit seinem Wissen und macht damit auch vor allem pflanzlichem Leben – sei es auf der Erdoberfläche oder im Wasser – keinen Halt. Was den Menschen tötet, Pierre, ist der Hochmut; nur der Hochmut liess ihn den ersten Schritt ausserhalb des Instinkts tun. Er opferte damit seine Nachkommenschaft dem Verderben.

Ach, mein Sohn, dieser Hochmut, der eine Zivilisation zerstört hat, kann auch dich zerstören. Hüte dich davor und lebe nach dem Instinkt, den wiederzufinden ich dich gelehrt habe.»

Er legte den Bleistift hin, seine Hand schliesst sich zur Faust, und mit festem Blick in meine Augen beginnt er im Rhythmus eines Tamtams auf den Tisch zu klopfen. Ich bekomme eine Gänsehaut, denn dieser Rhythmus spricht zu mir wie eine Sprache, ich erkenne ihn als Herzschlag meiner Mutter.

Mutter: Dieses Wort trägt jeder Mensch im Innersten seines Herzens, doch erst ein Zigeuner, mein Meister, half es mir entdecken. Ich war damals zwanzig Jahre alt, doch höre ich den schmerzenden Ton des Tamtams heute noch wie an jenem Tag, als er mich an den Herzschlag meiner Mutter erinnerte.

Es war in Juvisy im Jahre 1940. In der Nähe einer Kiesgrube, in der armselige Korbmacher ihr Elend und ihre Angst vor den Mitmenschen verbargen, offenbarte mir Hartiss eines der grossen Geheimnisse des Instinkts. Während ich dies niederschreibe, erinnere ich mich genau an seine Worte:

«Was der Mensch auch immer unternimmt, Pierre, um sich als Erwachsener mit Hilfe seiner ‹Intelligenz› selbst zu zerstören, als Kind ist er in Momenten ‹unvernünftiger› Angst dennoch seinem Instinkt ausgeliefert.»

Hartiss und ich hüteten an jenem Tag den Wohnwagen – es gab deren fünf –, die der Sippe jenischer Korbmacher als Aufenthaltsort für ihre Kleinkinder diente. Drei mit Muttermilch genährte Knirpse lagen dort in tiefen Federbetten und atmeten die frische, vom Geruch junger Pflanzen durchsetzte Luft der ersten Sommertage ein. Der Beton hatte diese stille Ecke noch nicht zerstört; die teerfreien Wege schlängelten sich der Grube entlang, in der unter drei grossen Eichen die Pferde der Zigeuner standen.

Da ertönte in der idyllischen Stille ein Schrei! Zuerst nur ein Gestammel, das anschwoll, um immer lauter und lauter zu werden; eines der Kleinkinder hatte vor dem Geräusch Angst, das wir gar nicht gehört hatten.

«Die Kleinkinder haben viel empfindsamere Ohren als wir Erwachsenen, zumindest aber als du, Pierre. Seit meiner frühesten Kindheit habe ich mein Gehör nie bewusst eingesetzt, da die seltsamen Geräusche des Windes und der Tiere für mich eine Sprache sprechen, die du nicht verstehst. Dein Gehör hat nie jenen Wind vernommen, der aus den in Stein, Ziegeln und Zement erstickenden Strassen verschwunden ist. Der Mensch hört besser, wenn er die Geräusche innerhalb eines natürlichen Universums erlebt; die natürlichen Geräusche warnen ihn vor Gefahren, die ihm und seiner Sippe drohen. Komm mit, ich zeige dir, wie ein Geräusch Stille hervorrufen kann.»

Wir begaben uns zu den Wohnwagen, aus dem die jämmerlichen Schreie des Kindes an unser Ohr drangen. Pietro kniete vor die kleine Holztreppe und begann mit seiner Faust einen abgehackten, im Zweivierteltakt gehaltenen Rhythmus zu klopfen.

Von meinem Platz aus sah ich nur seinen Rücken und den nach vorne geneigten, von einem Hut bedeckten Kopf. Seine Hände klopften wie mechanisch einen Rhythmus, den ich aus einer anderen Welt zu kennen glaubte. Mir war, als ob ich von diesem Rhythmus mehr wüsste; er gehörte mir, er war ein Teil meiner selbst.

Dieses Geräusch gehörte zu meinem Leben; es war über sämtliche Entwicklungsstufen hinweg wahrnehmbar geblieben, um an diesem Tag eine längst ins Unterbewusstsein verschwundene Erinnerung heraufzubeschwören.

«Dieses Geräusch», sagte mir Hartiss, «das dem Kind erneut seine Ruhe schenkt, ist dasselbe, das es während der neun Monate seiner Entwicklung hörte; es ist der Herzton seiner Mutter, Pierre! Dieses Geräusch ist der Rhythmus des Lebens und der Zeit.»

In der Tat wurde das Kind ruhig und fiel erneut in Schlaf. Auf die Stufe der alten Wagentreppe gestützt, erklärte mir Pietro:

«Du hast nicht dasselbe Geräusch gehört wie dieses Kleinkind, das auch unser Bruder ist! Meine Hand hat dieses Geräusch hervorgebracht, doch hörtest du einen direkten Ton, während das Ohr des Kleinen ein vom Holz des Wagens übertragendes, durch die dicken Federbetten gedämpftes Murmeln vernahm. Der Kleine kennt dieses Geräusch aus jener Zeit, als er, im Leib seiner Mutter schlafend, den Rhythmus ihres Herzens verspürte, ehe sich ‹die beiden Wurzeln des Baumes› öffneten, um diesem schwachen Spross das Leben zu schenken.

Das ist das grosse Geheimnis, Pierre! Stelle den Instinkt stets vor die grossen Denkvorgänge; die Erinnerung an das klopfende Herz seiner Mutter hat den Kleinen instinktiv beruhigt. Die Angst ist weg, denn die Mutter ist ein Hafen der Seelenruhe und der Sicherheit. Sie ist gewissermassen die Essenz deines Lebens. Jedesmal, wenn ich meine Faust schliesse, um diesen Rhythmus zu klopfen, schöpfe ich aus dem Innersten meiner Seele. Denke stets an das, was ich dir gesagt habe!»

Noch heute erinnere ich mich an jenes Bistro an der Place des Ternes. Der auf das Papiertischtuch gezeichnete Kreis erschien mir wie die Skizze meines eigenen, zukünftigen Lebensweges.

«Die Zeit ist reif, Pierre, um zu den Quellen der Wahrheit zurückzukehren.

Dieser Kreis ist der Atem alles Lebenden. Er ist das Fortschreiten, das sich in der Bewegung wiederfindet; die Schlange, die in ihren eigenen Schwanz beisst; das Zeichen der Einweihung und der Leib der gebärenden Mutter, das Wissen. Der Kreis ist ein Schatten der Himmelskugel, das Abbild einer Wahrheit, die aus eigener Kraft wiedergefunden werden muss; er ist die wahre Sphinx, gesichtslos und ungeschminkt. Die Sonne, mein Kleiner, erstrahlt kreisförmig, auf dass der Mond das Licht verteile. Dieses Licht erlebst du in der Sonne positiv, im Mond negativ! Meine Altvordern gaben den negativen und den positiven Kräften auf ihren Brustschildern ebenfalls die Form eines Kreises; du wirst diese bildliche Darstellung des Negativen und des Positiven in der Kathedrale von Chartres wiederfinden. Ich treffe dich dort am 28. Februar nachmittags um drei Uhr bei der Säule der Zigeuner.

«Ist das alles?» fragte ich lächelnd.

«Ja, mein Sohn, das ist alles.»

Er brach in sein unverkennbares Lachen aus, das mich in seiner ‹Wahrheit› stets überrollt und mitreisst; die Augen Pietros wurden immer kleiner, und sein Schnurrbart bebte vor Fröhlichkeit.

«Gibt es eine bessere Nahrung für unser Gemüt als das Lachen? Wie vielen bleibt diese Nahrung jedoch versagt!»

Seine Hand berührte die meine, und schon stellte sich Ruhe ein; die Menge, die sonst das Bistro bevölkert, schien verschwunden zu sein, das Lokal war wie ausgestorben. Wir waren allein in jenen Regionen, in denen sich Materie und Geist gleichgestellt sind.

Kurz nach dem Hügel von Saint-Cloud beginnt die Autostrasse. Die Sonne durchdringt hie und da den dichten Nebel; bald werde ich vor der Säule der Zigeuner stehen.

Deutlich sehe ich Pietros Gesicht vor mir. Erinnerungen an einen Geist leuchten auf, der dazu bestimmt war, schöpferisch zu sein.

In meinem Auto auf dem Weg nach Chartres, war ich nur noch ein Mensch auf Entdeckungsfahrt. Ich erinnerte mich an all die Dinge, die ich zu ganz verschiedenen Zeiten gelernt hatte, und in mir brannte jene Flamme, die mein Freund Blaise Cendrars als ‹das Fieber der Entdecker› bezeichnet hat. O Blaise, könnten wir dieses Fieber nur gemeinsam erleben!

Die Zeit der Suche ist herrlich; der Mensch ist wie ein Pfeil, der eines Bogens bedarf. Erst als Ganzes kann er geistig erstarken. Es gibt Erlebnisse, die sind für mich wie ein Frauenkörper, weit verstreute Oasen inmitten einer unermesslichen Landschaft von Gegenständlichem und Abstraktem, von Positivem und Negativem. Die letztgenannten Begriffe lassen mich nicht mehr los, je mehr mich Pietro das Gefüge der Brustschilde begreifen lehrt.

In meinem Buch ‹Unter Hexern und Zauberern› habe ich bereits über Chartres berichtet. Hartiss hatte mir dort Dinge offenbart, die mit der Religion in engem Zusammenhang stehen. Chartres, so lehrte mich mein Meister, ist ein Knotenpunkt des Lebens; die Kathedrale enthält den Schlüssel zu einer Reihe von Geheimnissen, die an eine ganz bestimmte Denkungsart gebunden sind. Nicht wenige finden hier ihr seelisches Gleichgewicht wieder. Wie viele es sind, bleibt wohl ein Geheimnis. Eingeweihte oder einfache Pilger? Ich weiss es nicht. Die Erde ist wie der Mensch, sagte mir Hartiss, gewisse Stellen unseres Planeten und unseres Körpers stehen unter dem Einfluss eines anderen Odems; die daraus hervorgehenden Kräfte bilden die Grundlage jenes Gleichgewichts, aus dem die Harmonie erwächst. Diese Harmonie findet sich jedoch nur noch an ganz wenigen, vom Menschen unberührten Stellen dieser Erde.

«Chartres, Pierre, ist ein Wald aus Gestein und Licht, den die einen ahnungslos betrachten, während andere seine Stimme vernehmen. Zu mir spricht er, mein Sohn, und eines Tages wirst auch du seine Botschaft empfangen. Ich zeige dir, wie der Mensch dank Gestein und Licht zur Harmonie findet.»

Gestein und Licht!

Mein Wagen fuhr durch dichten Nebel, und die Sonne schien die graue, jedes Licht versperrende Masse nach und nach aufzusaugen. In Gedanken sah ich bereits das gotische Bauwerk inmitten der weiten Fläche stehen. Welch seltsame Anziehungskraft es auf mich ausübte; auch hier verlangte ‹der Pfeil den Bogen›.

Am Ziel angekommen, begab ich mich zum vereinbarten Treffpunkt, wo mich mein Meister erwartete. Er war bereits dort, und wie immer trug er eine karierte Samtjacke, verwaschene Jeans, Stiefel aus der Camargue sowie den ‹Andalusier›, einen

Das Labyrinth von Chartres

Hier, mein Kleiner, stehst du vor der Sphinx, der Wahren! Und ihr Rätsel ist kein Geheimnis, es ist nur ein natürlicher, auf dem Boden aufgezeichneter Weg, wie die Strecke eines Wasservogels in der Prärie auf der Suche nach einer Quelle; sie zu finden und sich daran zu laben, nur das allein ist das Labyrinth: eine Quelle inmitten einer Wüste.

Pietro Hartiss

Hut mit flachem Rand, den er wie einen ledernen, aus der Haut eines spanischen Stiers verfertigten Heiligenschein auf sein Haupt gesetzt hatte.

«Pietro!»

«Mein Sohn ...»

Es bedurfte keiner weiteren Worte, denn nur die Augen sprechen diese seltsame Sprache, wie sie mir Hartiss offenbart hatte. «Sehen», so sagte er eines Tages, «heisst die körperlichen Schranken überschreiten.»

Einige Minuten später befanden wir uns inmitten des aus Steinen bestehenden Labyrinths. Pietro erklärte mir:

«Hier, Pietro, haben die Eingeweihten ihre Reise vollendet und die Schwelle zur Harmonie gefunden; die unbekannten Männer, die vor einigen hundert Jahren den grossen Quadersteinboden der Kathedrale gelegt haben, hinterliessen uns damit sowohl eine Botschaft als auch ein Hilfsmittel, das die Priester den Gläubigen alsbald verboten. Dies ist um so bedauerlicher, als einige Laien diese Hilfsmittel zum Nutzen der Allgemeinheit zu gebrauchen verstanden. Die wie Schranken aufgestellten Stuhlreihen sind ebenfalls Bestandteil dieses Verbots; sie versperren denjenigen, die sich in anderen Sphären zu bewegen wissen, den Weg zur inneren Ruhe.»

«Aber warum verbieten die Geistlichen das Labyrinth?»

«Weil es heidnisch ist. Das Labyrinth, wie du es hier in dieser Kirche und an vielen verschiedenen Orten dieser Welt findest, ist eine nützliche Konstruktion, deren Kraft allen zugute kommt, die sie zu nutzen wissen. Die Priester aber gehören nicht zu diesen ‹Wissenden›. Die Katholiken beten nicht stehend zu ihrem gekreuzigten Gottessohn, sondern kniend, ja sie haben sogar einen regelrechten ‹Betstuhl› erfunden. Dennoch benutzten die Priester des Mittelalters – sie waren zweifellos weniger müde als die heutigen Geistlichen – das Labyrinth zur Verrichtung der Gebete. Besser das als gar nichts, obwohl es sich dabei um eine falsche Interpretation handelt. Es ist, wie wenn du eine Petrollampe deiner Grossmutter elektrifizierst, sowohl mit Petrol als auch mit Elektrizität erhältst du Licht, doch ist die umgebaute

Lampe verfälscht und unecht. Pass auf, mein Kleiner, du weisst, dass ich Kristo gegenüber keine Abneigung hege; unsere Wege haben sich schon oft gekreuzt. Wie viele Male habe ich doch schon im Schutze einer Kirche oder Kathedrale geschlafen! Möglicherweise hat gerade Kristo aus diesen zu Weisheit und Wissen führenden Labyrinthen Nutzen gezogen, denn wer weiss, ob sich die Eingeweihten im Tempel Salomos nicht eines solchen ‹Weges der Erkenntnis› bedienten? Das Kind ist dem Natürlichen noch viel näher als der Erwachsene, und dies ist möglicherweise auch der Grund, warum die Tempelpriester angesichts des zwölfjährigen Kristo so beschämt waren. Es genügte ihm, den Weg der Eingeweihten zu gehen, um zur Erkenntnis zu gelangen, so wie ich einst dir nachfolgte, als du mich lesen lehrtest. Das Wissen, das du mir beibrachtest, war aber rein äusserlich und somit negativ; was du von mir erfährst, ist auf innere Kräfte bezogen und daher positiv. Der Mensch ist eine ‹Sonne›, mein Sohn, aber von allen Kreaturen ist er die einzige, die – abgesehen von theatralischen Darstellungen – keine sogenannten Scheinhandlungen kennt. Den Tieren ist die Schauspielerei unbekannt, weil sie in absoluter Wahrhaftigkeit leben, und die erwähnten Scheinhandlungen zeigen sich in ihrem Dasein in Form einer angelernten – niemals aus eigener Kraft entwickelten – Verhaltensweise. Die im Norden deines Landes so beliebten Hahnenkämpfe sind nur deshalb tödlich, weil der Mensch auch hier wider die Natur handelte und die Sporen des Tieres mit winzigen Stahlklingen versah. Um den negativen Kräften Ausdruck zu verleihen, genügt den Menschen die Faust nicht mehr, er benötigt einen Stein, einen Dolch oder ein Gewehr! Er darf das traurige Privileg für sich in Anspruch nehmen, den kollektiven Mord erfunden zu haben, weil er den positiven Weg des Lebens, jene natürlichen Labyrinthe, vergessen hat, die den sogenannten ‹wilden› Tieren zur Erhaltung ihrer Art dienen. Erinnere dich an die Pfade der Wasservögel, die du in Begleitung von Georgio benutzt hast! Diese Pfade im Wald führten dich mitten in ein natürliches Labyrinth hinein. Dasjenige von Chartres steht unter anderen Vorzeichen: von Menschen erstellt, die sich ihrer Entfernung vom eigenen Instinkt bewusst waren, erinnert es an jene, die noch den Odem des Wissens verspüren und daraus Gewinn zu ziehen vermögen. Diese Menschen wissen noch aus Quellen zu schöpfen, die aus einer Zeit stammen, zu der wir unsere Schritte wie der Wolf zu lenken wussten. Erst als der Mensch sesshaft wurde, begann er sich selber zu zerstören. Unterwegs, Pierre, ist dein Benehmen – auch dasjenige deiner Frau und deiner Kinder – anders als zu Hause, weil dir unser Leben jenen zusätzlichen instinktiven Sinn abverlangt, der allen Nomaden dieser Erde gemeinsam ist. Betrachte einmal deine Mitbrüder, die in ihren Wohnwagen unsere Lebensweise nachzuahmen versuchen; die Dächer ihrer Wagen tragen keine Kamine, weil diese Menschen die Bedeutung des Feuers vergessen haben. Sie möchten wie Nomaden leben und vernachlässigen dabei das Wesentliche; auch unterwegs sind sie Gefangene ihres sesshaften Daseins. Sie vollziehen das natürliche Leben in Form einer ‹Scheinhandlung›, wobei sie Eisschränke und Grillierapparate aus Blech herumschleppen; ich bin überzeugt, dass noch keiner sein Lammkotelett an einem Spiess aus wildem Rosenholz gebraten hat, und ich bin ebenso sicher, dass noch niemand von diesen Leuten sonnengebackenen Weizenkuchen ass. Sie haben die Lebensweise ihrer Vorfahren vergessen und sind unfähig, im Regen ein Feuer zu entfachen. Aus diesem Grund können sie auch die Labyrinthe in den Gotteshäusern nicht mehr benutzen; sie haben den Opfertisch abgeschafft und so den harmonischen Kreislauf der Dinge zerstört. Sie stellen alles Äusserliche in den Vordergrund und wenden sich gleichzeitig von allen harmonischen Zusammenhängen ab. Die Religion erschöpft sich und bietet keinen Schutz mehr vor den ureigenen Ängsten; das Sektierertum nimmt überhand und das Wissen um die ‹natürlichen› Wahrheiten nimmt zugunsten negativer Gewohnheiten ab.

Ich bedaure es sehr, mein Sohn, dass ich dich nicht durch das Labyrinth der Wahrheit führen kann. Man verweigert uns den Zugang, doch zeige ich dir eine Möglichkeit, wie du das Ziel eines Tages vielleicht doch noch erreichst.»

Nach dem Verlassen der Kathedrale führte er mich zum

südlichen Teil des Vorplatzes, wo wir den Garten des Erzbischofs betraten. Wir setzten uns auf dieselbe Bank, auf der mir der Alte vor dreissig Jahren erklärt hatte, dass sich die Grundrisse der Kathedralen nach dem Sternbild des Grossen Bären richten und somit im Sternbild der Jungfrau stehen.[5] Dreissig Jahre später sollte mir hier ein anderes Geheimnis enthüllt werden. Pietro zog ein vierfach gefaltetes Foto aus seiner Tasche:

«Das ist eine Aufnahme des Labyrinths, vom Gewölbe aus gesehen, wie es wohl die Eingeweihten des Mittelalters vor Augen gehabt haben. Die inneren Treppen konnten nur von jenen Privilegierten benutzt werden, die zu diesem verbotenen Weg Zugang hatten. Der erste Schritt in das Innere des Labyrinths war zunächst eine rein geistige Angelegenheit, die dem Menschen das Abbild seines Gehirns entgegenhielt und ihm gleichermassen den Sinn für die Bewegung im zeitlichen Raum verlieh.

Wenn der mittelalterliche Pilger das Labyrinth zur Gebetsverrichtung benutzte – wie es ihm von den Priestern aufgedrängt worden war –, so betrat der Wissende den Raum durch das südliche Portal – die Pforte des Lichts – ging an der Säule der Zigeuner vorbei und setzte seinen Fuss auf den Türkispfeil.»

«Den Türkispfeil?»

«Ja, den Türkispfeil! Ich werde ihn dir zeigen, sobald das Sonnenlicht jenen Teil des Kirchenfensters erreicht, der ihn aufleuchten lässt.»

«Mit dir, Pietro, weiss ich nie, wohin die Wege führen. Du rufst mich nach Chartres, um mir den Brustschild zu zeigen, du offenbarst mir das Labyrinth und sprichst von einem Türkispfeil, von dem ich noch nie gehört habe.»

«Alles zu seiner Zeit, mein Kleiner! Um den richtigen Weg zu beschreiten, muss man wissen, wohin er führt; das Labyrinth bringt dich zum Brustschild, der Brustschild zum Türkis und der Türkis zu etwas Unbekanntem im innersten Teil des Labyrinths, das du eines Tages entdecken wirst. Der Weg ist lang, Pierre; der Wolf wird nicht an einem Tag zum Oberhaupt des Rudels! Um ein Oberhaupt, ein Patriarch zu werden, ist es unerlässlich, dass das Wichtigste am Labyrinth, die nach und nach zum Ziele führende Bewegung, wirklich verstanden wird. Dieses Ziel heisst in Chartres ‹der Ort›, doch ist damit keineswegs eine messbare Stelle des Bodens, vielmehr ein ganz bestimmter geistiger Zustand gemeint. Die Loslösung von unserer fleischlichen Hülle findet im Herzen statt, wobei wir zu unserem natürlichen, instinktiven ‹Wissen› zurückfinden. Damals konnte der Mensch noch zu den Quellen seines Daseins zurückkehren, da er das, was wir heute mühselig aufspüren, instinktiv erfasste. Zu diesen Möglichkeiten einer ‹Rückkehr› gehört unter anderem auch das Labyrinth. Ich habe es ausprobiert und weiss, dass es tatsächlich wirkt. Betrachte es genau, mein Kleiner, und du wirst feststellen, dass die Richtung der parallel angelegten Wege sich stets zuwiderläuft; beim Abbiegen nach rechts oder links erblickst du sowohl die bereits zurückgelegte Strecke als auch den noch vor dir liegenden Weg. Du bewegst dich wie die Unruh einer Uhr, und in der Tat gleicht das Gesamtbild des Labyrinths einem Räderwerk. Als es entstand, wussten die Menschen aber noch nichts von der Uhrmacherkunst! Dennoch wirst du beim Betrachten der Anlage das Vorhandensein einer gewissen Bewegung verspüren, die auf irgendeine imaginäre Kraft zurückzuführen ist; der Ursprung jeder ‹künstlichen› Bewegung liegt im kreativen Denkprozess. Eines der grossen Geheimnisse dieses Labyrinths besteht in der Tatsache, dass du mit Hilfe dieses ‹in Stein gehauenen Gehirns› alle drei Dimensionen erfahren kannst. In der Tat kann diese Pforte zu anderen Bewusstseinssphären als imaginäres, nach den Vorstellungen seiner Erbauer geformtes Gehirn bezeichnet werden. Dennoch hat man dieses von seherischer Begabung geprägte Werk verpfuscht.

Wie auf einem Brustschild wurden hier Instinkte und Intelligenz zusammengebracht; die guten und die bösen Kräfte des Geistes befinden sich in einem steten Kampf. Du gehst von Süden nach Norden – d.h. von der Sonne zum Mond, vom Feuer zum Wasser –, und nur die Hellsichtigkeit, der Instinkt des Geistes, wird dich von diesem Kampf erlösen. Dazu musst du aber das ‹dritte Auge› erreichen, das sich auf der letzten Wegstrecke vor dem Betreten des zentralen Kreises, der sogenannten ‹wilden

Das Allerheiligste in diesem Tempel, als den wir unseren Körper bezeichnen können, ist der Kopf. Es wird durch die Windungen des Gehirns, das hier den Platz eines Labyrinths einnimmt, sowohl erschaffen als auch geschützt. Mit jeder Windung dieses Labyrinths vollendet der Mensch eine Stufe seiner Entwicklung. In der Mitte der Spirale begegnet er sich, wobei er den Mechanismus des Labyrinths erfassen kann.

Jill Purce
Pietro Valenti
genannt ‹Pépé-le Vieux-de-Pise›

Rose›, befindet. Hier im Innersten wohnt das Geheimnis des Gleichgewichts zwischen Mensch und Natur, da alle sechs zu diesem Punkt führenden Kreislinien mit verschiedenen, zu innerer Ausgeglichenheit führenden Kräften in Verbindung stehen. Die ‹wilde Rose› symbolisiert dabei das ‹Sonnengeflecht›.[6] Um die Botschaft dieses Labyrinths richtig zu verstehen, musst du dir darüber klar werden, dass seine Lage innerhalb der Kathedrale falsch ist. Der Unwissende orientiert sich nach Norden und Süden, so dass sich seiner Meinung nach der Anfang des Weges im Westen, das ‹dritte Auge› aber im Osten befindet. Du aber betrittst das Labyrinth in seiner linken, nördlichen Hälfte – der Norden steht hier für die negativen Kräfte –, während die ‹wilde Rose› von der rechten südlichen Hälfte aus erreicht wird. Wenn du dich an den Eingang des Labyrinths stellst, befindet sich zu deiner linken Seite der Norden, zu deiner Rechten der Süden. Der Träger der steinernen Blume, ihr Stengel, verläuft somit gegen Osten (siehe Skizze Nr. 5).

Gerade auf der letzten, in direkter Verbindung mit der Rose stehenden Teilstrecke des Weges findet der Mensch zu den Quellen zurück; in bezug auf die Pflanze bewegt er sich in derselben Richtung wie der reine, regenerierende Tau. Er vollbringt nur eine Scheinhandlung, aber das Tier, Pierre, erfasst das Trugbild nur im Sinne seiner eigenen Wesenheit, welche in die zu durchlaufende Zeitspanne hinein projiziert wird. Wahrlich eine harte Nuss, die der Instinkt der Intelligenz zu knacken aufgibt!

Im Innersten des Labyrinths angekommen, befindet sich der Eingeweihte – oder der ‹Wissende› – im Zentrum des Lebens und der Bewegung; aus diesem Grund nehmen die Brustschilde und Spiralen stets im Innern eines exzentrischen Kreises ihren Anfang. Dieses Zentrum wird als Ausgangspunkt aller Kreislinien zum Sitz des grossen Geheimnisses, dem Territorium der ‹Kraft›. Hier, an der Quelle des Geistes, wird sich das menschliche Wesen seines Daseins bewusst. Dieser Ort ist von grosser Bedeutung, mein Sohn, setzt er doch deutliche Grenzen zu jeder unkritischen, sich selbst genügenden Existenz. Das Tier steckt ein solches Territorium mit dem eigenen Urin ab und schafft sich so einen Pfad innerhalb des natürlichen Universums, den es am blossen Geruch erkennen kann. Instinktive und territoriale ‹Besitztümer› stehen weitgehend mit unserem Geruchssinn in Zusammenhang, während mit dem Intellekt erfassbarer Besitz von visuellen Eindrücken eingeschränkt wird, die überschritten, besser gesagt zerstört werden müssen. Zerstörung aber bedeutet Krieg, und Krieg ist Mord. Der Unterschied zwischen dem Wolf und dem Menschen beruht darauf, dass das Tier die Grenzen seines Territoriums durch seine Gegenwart absteckt, während der Mensch dazu Schranken, Hecken und Wälle braucht. Um uns fortzubewegen, benötigen wir Strassen, Verbindungswege und Autobahnen, die unsere instinktlose Lebensweise nur noch unterstützen. Auf diese Weise lassen sich die Menschen seit Generationen von Leuten manipulieren, die teilweise schon seit Jahrhunderten tot sind. Wie von einem Mechanismus angetrieben und bar jeglichen Instinkts, schlagen sie gezwungenermassen Wege ein, die ihrer Lebensweise und ihren Bedürfnissen überhaupt nicht entsprechen.

Da es in Frankreich keine Wölfe mehr gibt, kenne ich deren Labyrinthe nicht, dafür weiss ich um so mehr über jene der Wildschweine. Das Wildschwein, mein Kleiner, ist das ‹starke› Schwein; es unterscheidet sich vom gewöhnlichen Schwein, so wie sich unsere Existenz vom Dasein unserer Ahnen unterscheidet. In diesen längst vergangenen Zeiten musste der Mensch etwas vom Sammeln und Jagen verstehen, diese lebensnotwendigen Tätigkeiten wurden jedoch hauptsächlich von den Gesetzen des Instinkts bestimmt.

Ich erinnere mich an ein kleines Dorf, dessen Marktplatz jeden Herbst von den Wildschweinen durchquert wurde; seit uralten Zeiten waren die Tiere einer natürlichen Fährte gefolgt. Inzwischen ist das Dorf in Beton versunken und zur Vorstadt geworden. Der ehemalige Marktplatz dient den Kindern als Spielwiese. Letzten Herbst hat man dort zwei Wildschweine erschlagen, deren Horde, allem Beton und Asphalt zum Trotz, dem uralten, vom Instinkt vorgeschriebenen Weg gefolgt war. Doch kehren wir zu unserem Labyrinth zurück; schau dir zuerst einmal das Kreuz an, das – durch jede von blauen Steinen unterstrichene Krümmung des Weges hindurchgehend – wie eine Sanduhr aussieht. Da du dich innerhalb eines bestimmten Zeitraums bewegst, steht es sowohl für die vier Jahreszeiten als auch für die jeweiligen Jahresviertel. Die gesamte Herstellung eines Brustschildes beruht auf dieser Einteilung, und jedes Viertel entspricht einem ganz bestimmten Punkt innerhalb des Zeitablaufs. So symbolisieren die drei blauen Steine im Norden und im Süden die drei Stufen menschlicher Entwicklung, während sie im Westen, im Bereich der untergehenden Sonne zum Weg der Einweihung führen. Das bedeutet, dass sich die Projektionslinie auf den Punkt der aufgehenden Sonne hin bewegt. Sie führt auf einen vierten, auf dem Weg des Labyrinths liegenden Stein zu; dieser Stein, das ‹dritte Auge›, lässt dich die Erkenntnis finden.»

I.

«Das Labyrinth ist zuerst der Leib der Mutter, die geheime Blume, die es zu erreichen gilt. Es ist auch das menschliche Gehirn, der Kampf zwischen Gut und Böse, das Für und das Wider; es verkörpert die Kraft, die aus zwei Dingen ein Ganzes macht. In seiner Mitte befindet sich das ‹Wissen›, die Antwort auf jedes ‹Warum›.»

II.

«Die zu durchlaufende Strecke innerhalb des Labyrinths ist wie das Auf und Ab des Lebens oder wie das Gänsespiel, dem es Pate gestanden hat; auch hier finden sich dessen Haltepunkte und Kerker, Brunnen und Kehrtwendungen. Im Labyrinth von Chartres sind die Grenzsteine zwischen den verschiedenen Abteilungen nur auf Grund ihrer unterschiedlichen Ausmasse zu erkennen. Diejenigen aber, die dank ihrer Schulung die Steine zu deuten verstehen, schreiben ihnen nie denselben Sinn zu. Da die Erklärung der Gadjos anders lautet als die unsere, liegt der Verdacht nahe, dass es sich hier um ein Instrument handelt, dessen Bedeutung je nach Gebrauch interpretiert werden kann. Der Weg, den ich dir zeige, bewegt sich im Sinne des Nomadenlebens; mit sieben Jahren verlässt der kleine Zigeuner die Wärme des Nestes, um aus den Kräften der Natur zu schöpfen. Diese Zeit findet sich im Labyrinth als der nördliche ‹Weg des Schattens›. Dies ist die erste Zäsur, die den Zigeuner von der entgegengesetzten Seite des Labyrinths aus hervortreten lässt.

III.

Die zweite zu durchlaufende Strecke bedeutet mit ihrer jähen Umkehr jenen Zustand, den ein Zigeuner in seinem vierzehnten Lebensjahr erreicht haben soll. In diesem Alter ist er für seine ganze Persönlichkeit verantwortlich; er ist zur festen, im Herzen der Sippe verankerten Kraft geworden. Er weiss, dass er zur Erhaltung seiner Selbst der Ausgeglichenheit bedarf, da sein Weg vom Für und Wider gegensätzlicher Bewegungen bestimmt wird; es ist dies ein Kommen und Gehen, ein Kreislauf wie beim Blut unseres Herzens, ein steter Wechsel. Hier beginnt der Kampf des Unterbewusstseins, dieses zweiten Ichs, dass dich unerbittlich vorwärts treibt; zwei Wege öffnen sich vor dir, ein negativer und ein positiver. Falls du dich von trügerischen Dingen verleiten lässt, wirst du den negativen Weg wählen und deine Ausgeglichenheit zerstören. Der positive Weg führt dich aus dem Labyrinth heraus und erfüllt dein Leben mit Wissen um die instinktiven Kräfte. Wie beim Brettspiel genügt es, den Fuss auf die blauen Steine der östlich gelegenen Wegstrecke zu legen, um sich ausserhalb dieser Stätte als Mensch unter Menschen zu befinden. Es gibt verschiedene Möglichkeiten, das Labyrinth zu verlassen, doch soll dazu keinesfalls zum Ausgangspunkt zurückgekehrt werden. Nur die katholischen Priester liessen die Pilger in umgekehrter Richtung marschieren, da sie von den instinktiv festgelegten Wegen keine Ahnung hatten.

Was man erlebt hat, lässt sich nicht aus der Welt schaffen, mein Sohn, und in dieser Zeit bleibt uns nur die Spanne unseres Lebens, um Pfeil und Bogen als Ganzes wirken zu lassen.

Es stimmt mich traurig, dass du nur mit grösster Mühe dein Ziel erreichen wirst; die Deinen und ihre unwissenden Priester werden dich von diesem Labyrinth fernhalten wollen. Wie durch ein Wunder gelang es mir, diesen Weg zu beschreiten, um meine Erfahrung an dich weitergeben zu können. Erst am Ende des Weges erkannte ich, dass er mich erneut zur Bewegung zurückführte.

Nur ganz bestimmte ‹Wissende› unter den Zigeunern verstanden diesen Weg richtig abzuschreiten. Einige Gadjos machten dasselbe, doch gingen sie aus unerfindlichen Gründen rückwärts; mit verschiedenen Gebärden kann man das gleiche Ziel erreichen. Dieser Teil hier war der Weg des ‹negativen› Wissens. Derjenige, der mich diese Strecke durchlaufen liess, kannte eine Möglichkeit, sich davon zu befreien, doch verliess er diese Welt, ehe er mir das Geheimnis offenbaren konnte. Das ist vielleicht gut so, denn um wirklich zu erstarken, hatte ich zuerst das Gebiet der Schatten zu durchwandern. Nachdem ich den Weg der Traurigkeit durchlaufen hatte, um die andere Seite des Labyrinths zu betreten, bemerkte ich, dass mich meine Schritte instinktiv zu einer Stelle geführt hatten, die zu betreten nie meine Absicht gewesen war. Das war das Zeichen dafür, dass die Saat zu keimen begann und dass ich, der arme Zigeuner, im Begriff war, die Stufen der Ruhe und heiteren Ausgeglichenheit zu erklimmen. Es bedarf einer grossen Anstrengung, Pierre, um diesen Zustand zu erreichen, doch musst du dich mit Geduld wappnen. Das Gleichgewicht der Dinge ist einem steten Wandel unterworfen; wer sich nicht anpasst – d.h. wer beim erreichten Ziel verharrt –, kehrt erneut in den Bereich der negativen Kräfte zurück, und der Kampf ums Licht beginnt aufs neue.»

IV.

«Wenn du bei dieser Wegstrecke angekommen bist, öffnet sich vor dir jener Teil, den gewisse Zauberer den ‹Weg der Rose› oder den ‹Wald der wilden Rosen› nennen. Hier vollendet sich die letzte zu durchlaufende Strecke; den tiefen Einschnitten der Umrandung entlangführend, symbolisiert der südliche Halbkreis den dornigen Stengel der Rosa simplex. Er beginnt im Osten und endet im Westen; er führt von Sonnenaufgang zu Sonnenuntergang und somit zu jener Nacht, in der die regenerierende Kraft des Taus entsteht, die auch dem wissenden Menschen zugute kommt. Du hast dich von den Taubädern überzeugen können.»

V.

«Hier findet das Taubad auf geistiger Ebene statt. Am Fusse der Rose wird der Suchende zu jenem Punkt geführt, den er erreichen muss, um nach durchschrittenem Weg im Absoluten die Bestätigung zu finden.»

VI.

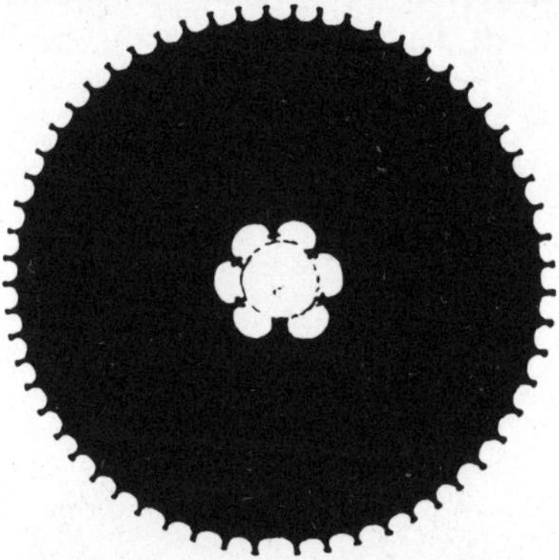

«Hier befindest du dich vor der Rose von Chartres, dem Schlüssel zu allem Positiven und Negativen. Je nach Beschaffenheit des Instinkts wirst du von den einen oder anderen Kräften aufgezehrt werden.»

VII.

«Wenn du diesen Teil der Rose mit deinen Füssen berührst, so nimmst du alle negativen Kräfte in dich auf. Du wirst zum Mittelpunkt eines zerstückelten Ganzen. Dieser Mittelpunkt ist das alles beherrschende Sonnengeflecht, das den Instinkt in allen sieben Chakras des Menschen regelt. Die rund um das Zentrum verteilten kleinen Halbkreise symbolisieren somit die schädlichen Kräfte, die kühn, Schritt um Schritt all das zerstören, was der Mensch vor dem Betreten des Labyrinths war.»

VIII.

«Wenn du mit deinen Schritten jedoch das Geflecht der Zerstörung und des Krieges auszulöschen vermagst, so wird die Mitte des Kreises vom Sonnengeflecht beherrscht werden. Auf diese Weise wirst du zu einem wirklichen Menschen, für den nur die natürlichen Gesetze gelten. Im Innersten der Rose findest du das Gesetz des Gleichgewichts und des Instinkts. Diese Stellung, die uns Leonardo da Vinci hinterlassen hat, ist die Stellung des Menschen, die der durch den Magnetismus ausgelösten Bewegung entspricht. Denn um Magnetismus handelt es sich, Pierre, und was die unwissenden Priester auch immer sagen oder tun mögen, um dieses Labyrinth zu zerstören und seine Kräfte zurückzubinden; sie sind allesamt machtlos, da selbst ein zerstörtes Labyrinth als Ort bestehen bleibt. Es war in Chartres lange vor der Geburt des Kristo vorhanden und wird auch dann noch dort sein, wenn in den Herzen der Menschen längst keine Spuren von Kristos Erdendasein mehr übrig sind.

Vom Kreis des Labyrinths ausgehend, haben die in die Geheimnisse der Rose von Chartres eingeweihten Zigeuner ihre Brustschilde entwickelt.»

Bild 6: Endposition im Innern des Labyrinths, die den Zusammenhang zwischen menschlichem Magnetismus und Erdströmungen erneut bekräftigt.

VII
Vom Labyrinth zur Spirale

Dennoch fehlt diesem Labyrinth etwas sehr Wichtiges, das ahnungslose Menschen zum Verschwinden gebracht hatten. Diese eisernen Spitzen inmitten des innersten Kreises waren einst von einer Metallplatte bedeckt, auf der die ‹Kalderas› genannten Kesselschmiede ein bestimmtes, mir unbekanntes Ritual vornahmen. Ich kenne allerdings die auf dieser Platte eingeritzten ‹patrines›[7] sowie deren Namen. Sie wurden ‹vibra› genannt, und ihr Schmuck war mit ihren Zeichen – ein Dolch an einem langen Seil und die Hörner eines Stiers – gekennzeichnet.

Dieses Zeichen war das Vorbild des früher handgeschmiedeten, aus der Camargue stammenden Dreizacks (siehe Bild 12 im letzten Kapitel).

«Auf Grund dieses Labyrinths haben meine Vorfahren, die Sinti, ein Brustschild entwickelt. Es steht in enger Verbindung zum Sonnengeflecht sowie zu einem kostbaren, von uns seit Jahrhunderten benutzten Stein, dem Türkis, dessen Geheimnis in dieser Kathedrale aufgezeichnet ist.»

Wir erhoben uns von der Bank, auf der wir in gemeinsamem Gespräch nach der Harmonie suchten, die einen Teil unseres Lebens darstellt.

«Komm, mein Kleiner», sagte Pietro, «ich zeige dir das Geheimnis des Türkissteins. Das Sonnenlicht wird uns dabei behilflich sein.»

Ich folgte ihm durch den mittleren Portalvorbau; wir erblickten das vom Erzbistum verbotene Labyrinth mit der «Rose von Chartres». Pietro, der meine Gedanken zu erraten schien, sagte leise zu mir: «Stell dir den Instinkt dieser Männer vor, die uns dieses Labyrinth hinterlassen haben. Niemand konnte es bis heute total vernichten. In dieser halbzerstörten Kathedrale – wir werden auf diesen Punkt noch zurückkommen – sind die Menschen geradezu gezwungen, mit dem Labyrinth in Kontakt zu treten. Ob Hochzeit oder Totenfeier: der Weg zum Altar führt den Gläubigen stets über die ‹Rose›. Doch keiner bemerkt es, Pierre! Das nenne ich Kraft! Ich erinnere mich noch an jene Zeiten, als die ‹Rose› während der ganzen Nacht von einem alten Mann und dessen Hund bewacht wurde. Tatsächlich! Auf diese

Weise verhinderte die Geistlichkeit auch des Nachts den Zutritt zu diesem grossartigen Monument der Liebe. Gerade aber in der Nacht sehnt sich der Mensch am meisten nach der Sonne! Eines Nachts nötigte ich den Hund und den Alten, mir Gesellschaft zu leisten. Ich setzte dazu die dir bekannten Hilfsmittel ein. Bald sassen wir alle drei auf der ‹Rose von Chartres› und fühlten uns behaglich wie Tiere im Schutz einer Höhle. Ich erzählte dem Alten, dass ich bei jedem Aufenthalt in Chartres in der Kathedrale genächtigt habe, ohne dass er oder sein Hund mich je entdeckt hätten. Dies sei nicht zuletzt dem Umstand zu verdanken, dass ich und sein Hund Brüder seien. Der alte Mann berichtete, dass andere dasselbe behaupten würden. Er nannte diese Leute, die er am Verhalten seines Hundes erkannte, die ‹Steinmenschen›. Dieser Mann, mein Kleiner, hatte die Kraft seines Instinkts noch nicht verloren. Sein Dasein in der Kathedrale entsprach dem Lebensrhythmus seines Hundes. Dank ihm entdeckte ich das Labyrinth aus der Vogelperspektive.»

Wir begaben uns in den südlichen Gang der Kathedrale. vor unseren Augen erhob sich die Säule der Zigeuner, bei der ich noch manch seltsame Begegnungen haben sollte.

«Hier sind sie», sagte Pietro, «schau dir die Türkise an!» Er zeigte mit dem Finger auf die steinernen Bodenplatten, wo das farbige, durch ein Kirchenfenster einfallende Licht die Umrisse ungeschliffener Türkise erkennen liess. Hier zeichneten die flüchtigen Sonnenstrahlen jene Steine, die den alten Zigeuner-Zauberern im Kampf gegen Behexung dienen.

Als ich das Kirchenfenster betrachtete, durch dessen bunte Glasscheiben das Licht eingedrungen war, glaubte ich meinen Augen nicht trauen zu dürfen; ausser den blauen Lichtstrahlen, deren Reflexe auf dem Boden deutlich zu erkennen waren, schienen sich alle anderen Farben im Raum aufzulösen.

«Und jetzt, Pierre, setze deinen Fuss auf den letzten ‹Türkis› und gehe von Stein zu Stein, bis du den ersten erreicht hast. Sobald dein Gesicht vom einfallenden Licht bedeckt wird, schliesst du die Augen und öffnest sie erst wieder, wenn ich es dir erlaube!»

Bald färbte das Licht meine Kleider blau. Pietro, der mir zugewandt – also rückwärts gehend – vor mir herschritt, wirkte mit seinem Hut in der Hand und dem weissen, vom bunten Licht überspielten Haar wie ein unwirkliches, fremdes Wesen aus einer anderen Zeit. «Schliesse deine Augen und bewege dich einen Schritt vorwärts», befahl er.

Ich gehorchte.

«Öffne nun die Augen und nenne mir die Farbe des Lichts, das auf dein Gesicht fällt!»

Mit weit aufgerissenen Augen schaute ich auf den Boden, wo sich ein schwarzer Punkt zu bewegen schien. Ich hatte den Eindruck, als ob ich einen Gegenstand zu lange angestarrt hätte.

«Das Licht ist weiss», entgegnete ich, «farblos».

«Erklär dir das, wie du willst, mein Sohn. Wenn du aber eines Tages das Geheimnis der Türkise lüften willst, so nimmst du diese Entdeckung ungefragt an. Jetzt also, wo ich dir den ‹Weg der Kräfte› gezeigt habe, musst du gleichzeitig auch wissen, dass hier der lange Weg der Zigeuner nach Saintes-Maries-de-la-Mer begann. Der innerste Teil dieses Labyrinths war der Ausgangspunkt einer anderen, ebenfalls in Frankreich gelegenen Anlage dieser Art. Sara-la-Kali, deren Lippen du in der Krypta von Saintes-Maries-de-la-Mer küssen wirst, ist nicht die von der katholischen Kirche zu kommerziellen Zwecken und heuchlerischen Pilgerfahrten christianisierte heilige Sara. Die Sara, die du verehren wirst, ist ‹Sara die Zauberin›, die Mutter, die Weise, deren Erinnerung von den Gadjos dieses Dorfes ausgelöscht wurde, obwohl sie noch heute mit ihrem Namen Geld verdienen. Diese Gadjos sind allesamt Dummköpfe, da sie sich nicht nur um ihren eigenen Vorteil bringen, sondern auch eine Kraft auslöschen, was sich eines Tages an ihnen rächen wird.

Im Innersten dieses Labyrinths, in Mignières, einige Kilometer von Chartres entfernt, begann im Mittelalter ein Kaku namens Jiffa seine Wanderung. Er nahm das Wissen um eine Wahrheit mit, die nur die Zigeuner erkennen können.

Eifersüchtige, vielleicht durch unsere alten, allem religiösen Theater der Dorfgeistlichen zum Trotz beibehaltenen Fruchtbarkeitsriten beunruhigte Gadjos versuchten uns nachzueifern. Sie sind 1956 von der Polizei verjagt worden und erhielten vom Bürgermeister das Verbot, den Gemeindebann je wieder zu betreten. Diese armen Gestalten versuchen uns seither nachzuahmen, doch wissen sie nicht, dass unser Handeln mit der schöpferischen Kraft untrennbar verbunden ist. Sie äffen uns äusserlich nach, doch wird ihr Geist nicht von derselben Lebensweise bestimmt wie der unsrige; mit Hilfe der angelernten Gebärden vermögen sie den Verlauf der Dinge nicht zu beeinflussen. Der Fahrende, Pierre, erlebt sein Dasein in einem ganzen von ihm durchwanderten Universum, während sich der Sesshafte in seinen vier Wänden der Einsamkeit hingibt. Hier liegt der Unterschied zwischen dir und den übrigen Nichtzigeunern. Sie sind mit der Erde verhaftet, während du deren Oberfläche durchwanderst; sie sind die Besitzer der Erde, während du der Erde gehörst. Das ist der Unterschied, der dazu geführt hat, dass dir deine eigene, geliebte Familie fremd geworden ist. Falls dich deine Wanderung eines Tages durch das Dorf Méréglise führt, so berühre mit deiner Stirn den Drei-Marien-Brunnen, wie es seit uralten Zeiten meine Mitbrüder tun. Nach Mignières ist Méréglise die dritte Station innerhalb eines Labyrinths, das seinen Anfang im Innersten der Kathedrale nimmt. Dieses Labyrinth gehört zu einem ganzen, zur Sonne führenden Bewegungssystem, dessen Quell beim Brunnen der Erkenntnis liegt und dessen Wasser unter Chartres hindurchfliesst, um in Saintes-Maries-de-la-Mer an seinem Ziel zu münden. Die Gadjos werden die Zigeuner eines Tages auch aus Saintes-Maries verjagen, wie sie es in Mignières getan haben, doch werden sie auch hier nur gewisse Teile eines grossen Labyrinths zerstören. Die übrigen Abschnitte bleiben bestehen, und das ist gut so! Sie werden noch schwer zu kämpfen haben, ehe das ganze Labyrinth entdeckt sein wird, und dieser Kampf wird ihnen nicht zuträglich sein. Der Nomade aber wird ungebrochen bei den Überresten seiner Habe stehen, denn sein Blick ist gegen die Sonne gerichtet.

Die Sonne verkörpert das Leben; und das ist der Grund, warum wir im Innern der Ruinen stets ein Feuer entfachen.

Deine Mitbrüder verbannten uns auf ihre öffentlichen Schuttabladestellen, denn sie wissen nicht, dass ihren Abfällen das alles erneuernde Feuer entströmt. Dieses Feuer, mein Sohn, lässt uns den Gestank auf diesen Plätzen vergessen; der fahrende ‹Rom› trägt in Gedanken den Geruch von Veilchen und wilden Blumen mit sich, um sich bei jedem Halt in euren Müllgruben daran zu erinnern.»

Meinen Blick fest auf den Alten gerichtet, entgegnete ich: «Du sprichst schlecht von den Gadjos, Pietro, obwohl du mir immer gesagt hast, dass nur der Schwache von Bitterkeit erfüllt sei.»

«Ich spreche weder gut noch schlecht über diese Menschen; ich will dich nur über die Dinge aufklären, die ich weiss, auf dass du später deren Richtigkeit bestätigen könntest. Ich habe dir das Geheimnis des Labyrinths offenbart, damit du mit deinen Büchern all jenen, die Dinge studiert haben, die uns fremd sind, den Weg zur inneren Ruhe weisen kannst. Vielleicht finden einige sogar jene kleine Sonne, die wir Lebensfreude nennen. Auf diese Weise ist unser Dasein für diejenigen, die uns umbringen wollen, wenigstens von Nutzen gewesen; einem Menschen die Lebensfreude bringen, heisst die eigene Freude am Dasein verdoppeln. Doch sprechen wir nun von jenem Brustschild, den du auch herstellen wirst. Ehe du damit beginnst, muss ich dir allerdings noch einige wichtige Dinge beibringen. In deinem ersten Buch hast du die Hieroglyphen verschiedener Tiere abgebildet, darunter die Zeichen für die Katze und für die Ratte. Damals wusstest du nicht, dass diese Zeichen dem ‹grossen Wissen› entsprechen.

«Was nennst du das ‹grosse Wissen›?»

«Alles, was dir unbekannt ist; alles, was du nicht weisst! Zur Zeit, als ich noch nicht lesen konnte, war für mich das ‹grosse Wissen› die Schrift. Heute, wo ich mit der Schrift vertraut bin, sind das ‹Grosse und das Kleine Wissen› alle jene Dinge, die ich beim Lesen erfahre. Zumeist sind diese Gedanken falsch, doch glüht gelegentlich ein kleiner Funke auf, der meine Seele entflammt. Diese Momente des Glücks verdanke ich dir, mein Sohn. Ohne Kenntnis der Schrift wäre es mir auch nicht möglich gewesen, den zwingenden Gedanken hinter diesem Brustschild, den du nun bald herstellen wirst, verstehen zu können. Dennoch konnte ich einen solchen Brustschild schon früher herstellen. Ich habe jedoch die Grenzen des Instinkts überschritten, und ich muss beim Lesen auf der Hut sein, dass mich die vielen von ‹Intelligenz› geprägten Gedanken nicht völlig vom Instinkt entfernen und ihn zerstören. Ich muss bleiben, was ich bin: Rom-Zigeuner, ein ‹wirklicher› Mensch. Die Gadjos dagegen leben nur vom Trug. Der Trug, Pierre, ist die Nahrung der ‹intelligenten› Menschen. Um Tiere zu fangen, erfanden sie die Falle, die sie heute selbst zerstört, denn sie beruht auf Trug. Dasselbe betrifft die Fotos, die man von dir macht; auch sie sind ein Trug! Die Leute, die dein Bild in der Zeitung sehen, betrachten nur das Abbild eines Augenblicks, der längst vorbei ist!»

«Aber ich lebe doch, Pietro!»

«Ja, aber deine Existenz beruht auf dem jeweiligen Augenblick. Nur der Augenblick zählt; alles andere ist Vergangenheit und tot. Die Vergangenheit zerstört den Menschen, denn sie vernichtet seinen Sinn für die Realität des momentanen Daseins. Der Wolf ist nur in der Gegenwart stark. Das Leben sämtlicher Tiere ist auf Gegenwart und Zukunft gerichtet; ihr Instinkt, diese Kraft, die der Mensch längst verloren hat, lässt sie zukünftige Naturkatastrophen vorausahnen. Die Ratten, die noch heute vom Untergang bedrohte Schiffe verlassen, flüchteten früher aus den Städten, in denen Pest und Cholera auszubrechen drohten. Diese von uns als geringe Wesen erachteten Tiere fliehen die Gefahr, während der Mensch darin umkommt. Wer ist nun stärker, mein Kleiner? Die Ratte, die dank ihrem Instinkt überlebt, oder der Mensch, dessen Intelligenz die Fähigkeit zu einer natürlichen Lebensweise zunichte gemacht hat? Die Ägypter errichteten der Katze ein Standbild, verehrten sie als Zeichen der Weiblichkeit und schufen so die Iris; glaube mir, mein Kleiner, sie wussten, was sie taten! Die Katze verkörpert die ununterbrochene Bereitschaft, sie ist das stärkste aller nur denkbaren Medien. Ein Mensch, der mit Tiger, Panther und Katze in Verbindung steht, hat den Zutritt zu erweiterten psychischen Sphären gefunden. Selbst im Schlaf sind all seine Sinne vollständig auf das Bewusstsein ausgerichtet. Eine Katze kann nie überrascht werden! Aus diesem Grund habe ich dich gelehrt, auf dieselbe Weise wie eine Katze auszuruhen. Deine Freunde, die deinen Schlaf beobachten, mögen darüber lachen, aber sie werden sehr erstaunt sein, wenn du ihnen den Inhalt ihrer Gespräche wiederholen kannst; während du geschlafen hast, hat dein Gehirn alles registriert. Hier liegt das Geheimnis, und wenn dir das Erreichen dieses Ziels leicht erscheint, so wirst du es eher auf Grund des Instinkts als mit Hilfe der Intelligenz schaffen. Eine gewisse Komponente der Katze, der Ratte, des Raben und des Wolfs ist in dir erhalten geblieben, so dass du als Mensch nicht ganz verloren bist. Unser Zeichen für die Ratte ist eine Spirale, während wir die Katze durch einen exzentrischen Kreis symbolisieren. Wo immer sich der Mittelpunkt des Labyrinths befindet; bei dessen Durchschreiten wirst du selbst zur ‹Katze›. Hier umschliessen sich Kreis um Kreis, und wenn du bedenkst, dass deren Mittelpunkt der Atem ist, der sie belebt, dann musst du die Tiefen des Lebens aufsuchen, die aus dem Leben selbst entstanden sind. Nichts ist der Leere gewidmet, vielmehr ist jede Schöpfung in Kraft umgesetzte Energie; es gibt sichtbare und unsichtbare Kräfte, von denen die letzteren sowohl am günstigsten als auch am gefährlichsten sein können. Sie unterstehen dem selben Gesetz der Gegenstände wie Wasser und Feuer, Für und Wider, Gut und Schlecht. Nimm beispielsweise diesen einen Kreis des Labyrinths, zeichne darauf die vier Jahreszeiten ein und unterteile dieselben in einzelne Monate; als Ergebnis wirst du einen in zwölf Abschnitte eingeteilten Kreis erhalten. Bedenke, dass jeder einzelne Teil einem Sinnbild des Tierkreiszeichens entspricht und dass die Linien, die jene Fläche begrenzen, die Linien des Vormonats deiner Geburt darstellen. Bei deinem ersten Atemzug waren die Grenzen deines Daseins bereits abgesteckt, und du bist zum abhängigen Bestandteil eines dir unbekannten Kosmos geworden.»

«Du gerätst ja ins Fabulieren!»

«Nein, Pierre, ich fabuliere nicht. Ich weiss nur um Dinge,

die dir fremd sind und die ich dir nahebringen möchte. Du solltest daran wie am Spiel jener Wellen teilhaben, die das Bild auf dem Fernsehschirm ermöglichen, um mit Hilfe dieses grässlichen Gerätes dein Herz mit Freude oder Schmerz zu erfüllen. Ach, mein Sohn, klammere dich an jedes Restchen Instinkt, das deine ‹Intelligenz› noch nicht im Keim erstickt hat! Folge uns bis an das Ende deiner Tage! Aber wirst du dich dazu entschliessen, nach unseren Gesetzen zu leben? Oft genug habe ich es schon bereut, dass ich nicht dein leiblicher Vater bin, denn dann hätte ich dir von allerfrühester Kindheit an unsere Lebensweise einprägen können. Ich habe diese Dinge von meiner Mutter gelernt, und so wurde aus dem jungen kleinen Wolf der einsame Patriarch, der dir seit nahezu vierzig Jahren den Odem des freien, ‹wilden› Lebens nahebringt. Dieser Odem entspringt denselben Quellen wie das Licht der Sonne! Mein Sohn, was weisst du von den Vorläufern unserer Autobahnen? Was weisst du vom ersten aller Wege? Wer folgte demjenigen, der als erster einen solchen Weg zu konstruieren wagte? Ein Blinder, ein Wurm oder ein Reptil? Radio und Fernsehen sind dir vertraut, was aber weisst du über den ersten Empfänger dieser einflussreichen, unser inneres Gleichgewicht beherrschenden Wellen? Nichts, und dennoch gibt es ihn! Dein Buch wird einige ‹Wissenschafter› zum Lachen bringen, aber unter den vielen Lesern findet sich gewiss einer oder zwei, die den Sinn deiner Botschaft verstehen werden. Für mich ist es klar, mein Kleiner, dass dem Labyrinth eine mir unbekannte Kraft innewohnt, die über das, was ich dir zu erklären versuchte, hinausgeht. Ich bin kein Gelehrter, und ich verfolge nur den Weg, den ich instinktiv erahne. Das Labyrinth ist aber gleichzeitig Ausgangspunkt der Spirale, die als Symbol der Ratte gilt; die Ratte selbst ist wie wir niemals sesshaft.

In meiner Jugendzeit, als die Zigeuner noch von ihren Pferden abhängig waren, führten unsere Wege hauptsächlich den Ka-

Bild 7: Der Autor 1957 in der Provence unterwegs mit Sinti-Zigeunern. (Photo: J. P. Bollenz)

nälen oder den kleinen, heute verschwundenen Eisenbahnlinien nach, die einst das ganze Land durchzogen haben. Wir machten stets an denselben Punkten halt – es handelte sich immer um öffentliche Schuttabladestellen –, und ich erinnere mich noch heute, dass wir als kleine Kinder oft mit den Ratten gespielt haben; die Ratte ist wie der Hund, sie spürt deine Zuneigung. Mein Onkel erzählte, dass ihm einige dieser Tiere, deren Schwänze er gekennzeichnet hatte, auf jeder Etappe wieder begegneten. Auch nach Hunderten von Kilometern! Und dies, obwohl auch Katzen zu meinen Gefährten gehörten. Es gibt Dinge, die jene, die im Besitze der Intelligenz zu sein glauben, nicht verstehen können. Dennoch sind sie natürlicher Bestandteil eines instinktiv geführten Lebens. Die symbolischen, für verschiedene Dinge und Lebewesen stehenden Zeichen entsprangen langen nächtlichen Betrachtungen am Lagerfeuer. Sie beruhen keineswegs auf dem zufälligen Spiel der Improvisation, sondern verkörpern die geistige Summe dessen, was im Sinne des Instinkts wirklich ‹ist›. Die als Symbol der Ratte geltende Spirale ist jenischen Ursprungs[8] und entstand aus vier vertikalen, gegen das Zentrum gerichteten Strichen. Die erste Spiralwindung nimmt ihren Anfang als direkte Fortsetzung eines der vier Striche; von dort aus ziehen sich spiralförmig einunddreissig Kreise über die vertikalen Striche, die ihrerseits als Symbol der vier Dimensionen stehen. Jede Spiralwindung entspricht einem einzelnen Monatstag, so dass das Ganze zu einem anschaulichen Modell des Zeitablaufs wird.

Siehst du, Pierre, viele meiner Mitbrüder wollen von den Jenischen nichts wissen. Ich aber kenne viele, die dem wahren Wesen der Dinge genau so nahe sind wie wir. Die kleinen Spiralen – wiederum das Symbol der Ratte –, die man früher bei den Korbern sah, hatten dieselbe kraftvolle Wirkung auf mich wie das Labyrinth von Chartres und die Brustschilde meiner Vorfahren. Sie stammen aus denselben Quellen, Pierre, denn zwischen den Baumeistern des Mittelalters, den Jenischen vergangener Tage und dem alten Zigeuner, den du vor dir hast, besteht kein Unterschied; wir alle sind Ratten, Katzen, Raben und Wölfe.

Wir gehören alle derselben Familie an, weil wir nach dem Gesetz unseres Instinkts leben. Nur der ‹intelligente› Mensch beruft sich auf das Widernatürliche, um uns schliesslich nichts als Geringschätzung entgegenzubringen. Gelehrte, die ihr Wissen aus Bü-

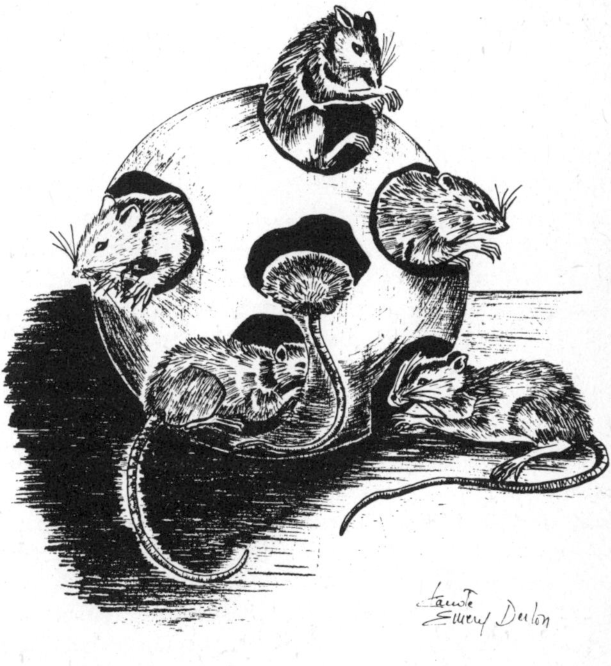

chern bezogen haben, schreiben auf Grund dieser fremden, von einem anderen niedergelegten Gedanken, neue Bücher. Ich weiss das genau, denn ich habe solche ‹Werke› in meinen Händen gehabt. Leute dieses Schlages werden unser Wesen zu erklären suchen, doch wird ihnen dieses Ziel ewig verschlossen bleiben. Ihr Gehörsinn ist vergröbert, und ihre Augen haben sich an die optische Wahrnehmung eines ‹Wissens› gewöhnt, das sich einzig und allein am Besitz orientiert. Das einzige, was der wahre Mensch aber wirklich beistzen kann, ist sein eigenes Ich. Alles andere ist das Nichts, in das wir eines Tages zurückkehren. Die Ratte, der Rabe, die Katze und der Wolf wissen um diese Dinge; sie sind ein Teil der Wahrheit, während der Mensch ein Trugbild darstellt. Ich habe dir schon einmal von gewissen Zusammenhängen zwischen einem Kreis und einer Kugel erzählt; was du aber nicht weisst, ist die Tatsache, dass es in gewissen Kirchen durchlöcherte Steinkugeln gibt, die ‹Rattenkugeln› genannt werden. Die Nagetiere kriechen in diesen Löchern herum, als befänden sie sich in einem ausgehöhlten Käse.

Diese Kugeln verwirren die Gelehrten, die dem Geheimnis auf den Grund zu gehen versuchen. Dabei ist es so einfach; es handelt sich um nichts anderes als um ein Labyrinth! Ja, mein Sohn, du hörst richtig, diese Kugeln sind Labyrinthe. Kirchen, die solche Sammelplätze der Ratten enthalten, besuche ich noch heute, denn sie bilden gewissermassen Anfangs- und Endpunkte unbsichtbarer, nicht von Menschenhand geschaffener Strassen. Wie Steine in der Prärie sind diese Rastplätze über ganz Frankreich verteilt, doch nur die wandernden Ratten und die Feldmäuse suchen sie auf. Ich werde dich eines Tages über das Labyrinth Frankreichs, vielleicht ganz Europas aufklären; möge mir genügend Zeit beschieden sein, um dir alles über das herrliche Leben der Ratte, über mein Dasein als Nomade zu berichten! Du bist heute nur noch halbwegs sesshaft; auch du wirst einer der Unseren sein, sobald du dich endgültig von der Schwelle deines Hauses gelöst haben wirst, um den dir angestammten Platz im Wohnwagen einzunehmen. Wenn die Menschen auf der ‹anderen Seite› zu unserer Lebensweise zurückfinden könnten –, so würden sie weder Steine nach dir werfen noch deiner Frau vor die Füsse spucken. Wenn diese dem Stein, Eisen und Beton zum Opfer gefallenen Menschen uns folgen würden, so kehrten sie Schritt für Schritt zum wahren Sinn des Lebens zurück. Das wird allerdings nie der Fall sein, denn sie sind allzusehr der Ehre und dem Profit verhaftet. Eure Staatschefs benötigen Polizeischutz; einem Zigeuneroberhaupt genügen die spielenden Kinder seiner Umgebung. Sie bestätigen ihm die Richtigkeit seiner Lebensweise; sein Dasein ist mit ihrem Leben aufs engste verbunden. Sie umkreisen ihn wie Planeten und Sterne oder wie die einunddreissig Spiralwindungen der jenischen Sonne. Aus welcher Quelle schöpfte jener Patriarch, der am abendlichen Lagerfeuer seinem Stamm die Zusammenhänge von Zeit und Bewegungsablauf offenbarte?

Vor langer Zeit durchwanderten Jenische aus Bern Frankreich. Eines Tages rasteten sie bei einem Korkeichenwald, in dessen Nähe sich ein von Korbweiden bewachsener Abhang befand. Die Korbmacher schlossen mit einer Gruppe von Holzhauern Freundschaft, die eine Schneise durch den Wald zogen, um einer Eisenbahnlinie Platz zu schaffen. Es war August und somit die Jahreszeit, in der sich das trockene Gras unter der unerbittlichen Sonne von selbst entzündet. Schon bewegte sich das Feuer auf die Schneise zu, als es den Holzhauern und den Fahrenden in gemeinsamer Arbeit gelang, die Flammen einzukreisen. Der Wald am Ende der Schneise blieb verschont; das Feuer erlosch, der Rauch senkte sich.

Die Holzhauer und die Zigeuner begaben sich nun zum sogenannten ‹Eichentisch›. Zur Zeit, als meine Vorfahren noch die Pferde benutzten, war es Sitte, dass die Holzhauer an ihrem jeweiligen Arbeitsort den grössten und mächtigsten Baum auf siebzig Zentimeter Höhe abholzten und zu einem Tisch umfunktionierten. Hier wurden alle Arbeitsprobleme diskutiert, Feste gefeiert und Recht gesprochen. Dieser Tisch war für die Holzhauer und für uns der einzige Ort, an dem wir unsere Angelegenheiten in Ehren aushandeln konnten; ein Händedruck verband hier auf Leben und Tod. Wenn ich dir von diesen Dingen erzähle, so versuche ich mich so gut als möglich in das Wesen jener zu versetzen, die deine Zeilen lesen werden. Auf ein einziges verständnisvolles Lächeln kommt jedoch das überlegene Gehabe jener, die von alldem keine Ahnung haben und dennoch alles zu wissen glauben; sie werden deinem Buch eitel Geringschätzung entgegenbringen. Weil du mit solchen Erfahrungen leben musst, rate ich dir, stets zu bedenken, dass Geringschätzung auch förderlich sein kann. Die bildet das Schmieröl im Mechanismus des Lebens; während sie dem einen unerlässlich ist, wirkt sie auf den andern tödlich. Hier findet sich das Gesetz der Polarität von Plus und Minus, Licht und Schatten. In der Form des Brustschildes – der von den Unwissenden immer wieder belächelt wird – finden diese Dinge konkreten Audruck. Diejenigen aber, die verstanden haben, konnten somit wahre Zwingburgen des Geistes errichten, wie wir sie in Chartres im Labyrinth und in der Spirale der Jenischen finden.

Ich bin vom Thema abgewichen. Kommen wir zu diesem als Tisch dienenden Baumstumpf zurück: Nachdem die Flammen besiegt waren, gingen die Männer zu dem in der Mitte der Waldschneise gelegenen ‹Eichentisch›, um sich von der Anstrengung zu erholen. Jeder hatte Wein, Brot oder Wurst mitgebracht, als sie auf dem Tisch eine Ratte sitzen sahen. Das Tier hockte mitten im Zentrum des Stammes, wo sich Jahr für Jahr neues Weissholz bildet. Keiner, der die aufrecht sitzende Ratte sah, hob einen Stein, um sie zu verjagen, denn jeder zollte dem Verhalten dieses Tieres Respekt, das vor den Flammen fliehend, instinktiv auf diesem Baumstumpf Schutz gesucht hatte.

Von den vielen, die das Tier sahen, wusste aber nur ein einziger, was es mit diesem Baumstumpf für eine Bewandtnis hatte. Dieser Stumpf war, wie der runde Tisch in der Kathedrale von Chartres, das Zentrum eines Labyrinths, das die Ratte in ihrer Todesnot durchlaufen hatte. Einer der Anwesenden, ein Abkömmling eines jenischen Patriarchen, hat mir diese Zusammenhänge offenbart. Dank ihm begreife ich den Sinn der jenischen Spirale besser. Sie steht mit dem Brustschild der Sinti in engem Zusammenhang und ist für jeden, die vom Geheimnis des inneren Gleichgewichts keine Ahnung haben, zugleich ein Bilderrätsel. Die Jenischen stellen die Spirale aus Korbweide oder Spanischem Rohr her, während die Sinti und die Kalderas ihre Brustschilde aus Blei, Zinn, Silber oder Gold herstellen. Ich glaube, dass diejenigen, die den Weg der Einweihung mit Hilfe des Brustschildes ergründeten, gleichzeitig auch um die Bedeutung der jenischen Spirale wussten. Möglicherweise waren die Jenischen aber gar keine Zigeuner, sondern einfach Nomaden, die sehr viel später als wir zu ihrer Wanderung aufbrachen. Sie entwickelten ihre Spirale nicht weiter, da sie von den Zigeunern niemals in das Geheimnis dieser Kreislinie eingeweiht worden sind, die den Kalderas als Grundlage zu ihrem Brustschild diente. Die Gesetzmässigkeiten, welche die flächenmässige Anordnung der Spirale bestimmten, sind dieselben, die in bezug auf die Brustschilde in Erscheinung treten. Wie auf Bild 8 zu sehen, sind fünf Nadeln in eine Spirale gesteckt, wie sie die Jenischen Ende des letzten Jahrhunderts besassen. Das Ganze mag für die Augen eines Aussenstehenden wie ein Mikadospiel aussehen, bei dem der Zufall die Anordnung bestimmt hätte. Allein dem ist nicht so. Jede Nadel entspricht einem ganz bestimmten Datum; betrachtet man das Ganze im Uhrzeigersinn, so entdeckt man fünf aufgeführte Daten, nämlich den 23. Januar, den 2. und 14. Februar, den 18. Juni und den 17. September. Die wie zufällig verteilten Nadeln sind in Wirklichkeit nach einem genau festgelegten Gesetz angeordnet.»

Betrachten wir nun Bild 8. Die unzähligen Kreislinien mit dem erweiterten Zentrum sind eine symbolische Dartellung des vollständigen Labyrinths von Chartres. Die Monate sind hier nach der Art des Zigeunerkalenders verteilt; den Lauf der Dinge zu erkennen, ist bei den Zigeunern von grösster Bedeutung. Ein kleines unscheinbares Detail liefert dabei oft den Schlüssel zur Erkenntnis. Der Zigeuner ist misstrauisch, weil er weiss, dass man ihn hetzt, verfolgt, auf öffentlichen Schuttablagestellen pfercht und ihn in die Unfreiheit der Ghettos zu treiben versucht. Ganze Stämme gehen unter den Zwängen unseres ‹Polizeistaates› zugrunde, und unsere Kultur wird mit dem letzten Patriarchen aussterben. Diesen Menschen, die allem Ungemach zum Trotz auf unseren Strassen unterwegs sind, begegne ich gelegentlich an ihren abendlichen Lagerfeuern. Sie werden eines Tages ihr ganzes Wissen mit sich nehmen, von dem ich nur noch die kärglichen Überreste, die verlorenen Ähren einer gewaltigen

Ernte, zurückbehalten kann. Alles wird auf immer in Vergessenheit geraten, weil die Geheimnisse stets mündlich weitergegeben worden sind. Ich bin sicher, dass mein Bericht bei gewissen Wissenschaftern Anstoss zu Erkenntnissen geben wird, die auf Grund eines Vergleichs mit dem Wissen dieser bald zerstörten Minderheit erarbeitet wurden.

Ich kenne Männer, die mit Jivaro-Indianern zusammengelebt haben, und ich habe Nachkommen von Comanchen und Amazonas-Indianern kennengelernt; unsere Quellen waren stets dieselben. Der Sohn eines afrikanischen Zauberers – er studierte hier in Frankreich die Rechte – erkannte im Laufe unserer stundenlangen Gespräche, dass sich bei uns gewisse Traditionen und Verhaltensweisen seiner eigenen Vorfahren wiederfanden.

Ein Freund von mir, Jean-Paul Montagne, schenkte mir ein mit Türkissen besetztes Kreuz aus Tibet. Die Rückseite dieses Kleinods war mit demselben Mandala geschmückt wie ein kleiner Reliquien-Behälter mexikanischer Zigeuner, den meine Frau 1965 von Hartiss erhalten hatte. Die Rückseiten der beiden Silberarbeiten waren identisch. Aus welcher Quelle haben diese Silberschmiede geschöpft, deren Arbeiten sich in gewissen Details so sehr gleichen, dass man als unbefangener Betrachter ein und denselben Urheber vermuten könnte?

Auf dem Dache der Welt, im ewigen Schnee des Himalayas, und in der sonnenverbrannten Ebene Mexikos gibt es zwei Menschen, deren Hände dieselben Gegenstände hervorbringen. Gibt es dazu eine Erklärung? Ich weiss es nicht, doch zwingen einem Wiederholungen dieser Art zur Frage nach dem ‹Warum› gewisser Dinge.

Nach seiner Ankunft in Frankreich erzählte mir der Cinéast Jodorowsky, dass er in Mexiko eine Heilpraktikerin namens ‹Patchita› kennengelernt hätte. Diese Frau war weitherum für

Bild 8: Eine jenische Spirale, hergestellt von Patrick Derlon, Sohn des Autors, nach Angaben des Stammesoberhaupts Pitt Zolarof. (Photo: G. Loucel)

ihre chirurgischen Eingriffe bekannt, die mit dem, was man in unseren Breitengraden unter Chirurgie versteht, nichts gemein haben.

Ich darf von diesen ‹Operationen›, wie sie einst die Azteken, die Mayas und gewisse indianische Eingeweihte ausführten, nicht berichten. Es ist mir nicht erlaubt. Ein Punkt in der Begegnung zwischen ‹Patchita› und Jodorowsky scheint mir jedoch auf Zusammenhänge hinzuweisen, die vielleicht später von anderen erforscht werden.

Bevor Jodorowsky nach Frankreich zurückkehrte, bat ihn ‹Patchita› – die sich wie alle Zauberinnen mit Tieren umgab –, ihr eine soeben verstorbene schwarze Dogge durch eine Welpe zu ersetzen. Das Ursprungsland dieser Tiere ist Tibet, und Jodorowsky liess von dort eine kleine schwarze Dogge importieren. Ein Zufall? Vielleicht! Was mich aber überraschte, war die Tatsache, dass diese Frau, die von Tibet nichts wusste, ausgerechnet ein Tier aus diesem Lande verlangte. Steckt hinter diesen geradezu zwingenden Zusammenhängen ein Geheimnis? Es gibt noch andere Beispiele dieser Art, die ich möglicherweise nie werde ergründen können.

In meinem ersten Buch ‹Unter Hexern und Zauberern› sind auf einer Zeichnung zwei unter dem Zeichen der Zwillinge stehende Tempelritter zu sehen, die von den Kreuzzügen zurückkehren. Die Abbildung gehört zu dem Kapitel über die Geheimnisse der Zigeuner in der Kathedrale von Chartres. Einige Monate später brachte mir Jean-Paul Montagne einen auf Reispapier gedruckten Holzschnitt, der aus demselben tibetanischen Kloster stammte wie das früher erwähnte Türkiskreuz. Jede Einzelheit der darauf abgebildeten Gestalten entsprach den beiden Tempelrittern; einzig die Umsetzung westlicher Kunst in die

Bild 9: Vorderansicht und Rückseite eines mexikanischen Reliquien-Behälters und eines tibetanischen Kreuzes aus Silber und Türkissteinen. Das auf der Rückseite eingravierte Muster ist bei beiden Stücken identisch. (Photo: G. Loucel)

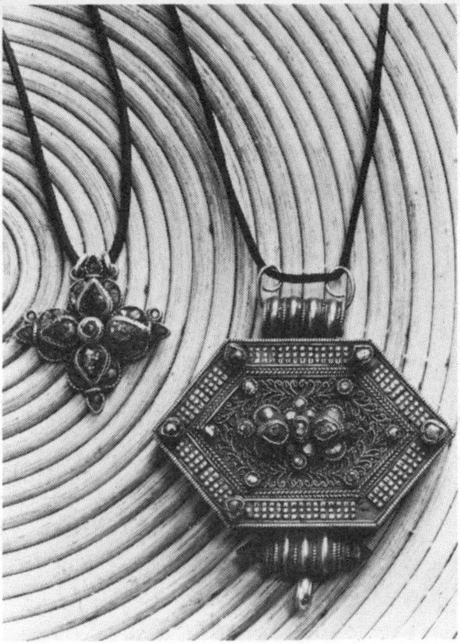

Formgebung östlichen Geistes bewirkte einen offensichtlichen Unterschied in der Interpretation des Themas. Der mittelalterliche Künstler und der tibetanische Holzschneider hatten aus ein und derselben Quelle geschöpft.

Es gibt Nächte, in denen ich nicht schreiben kann. Vom Wissen um die Kräfte meiner Sippenbrüder aufgewühlt, lege ich die Feder nieder. Mein Geist ist so verwirrt, dass ich nicht einmal mehr das ‹Wie› und ‹Warum› der Dinge ergründen vermag. Als Aussenstehender werde ich von der Unfassbarkeit dieser Geheimnisse beinahe erdrückt. Ich schreibe über diese Dinge in der Hoffnung, dass eines Tages vielleicht Menschen leben werden, die eine Lösung dieses Rätsels finden.

Wie verlief die Entwicklung der jenischen Spirale und was für ein Mensch war jener Patriarch, der ihr als erster die Form eines Labyrinths verlieh? Pepe gewährte mir einen kurzen Einblick in den Denkmechanismus dessen Schöpfers. Eines Tages betrachtete er den mit Spanischem Rohr umflochtenen Boden einer Flasche und sagte:

«Suche nicht nach komplizierten Zusammenhängen, mein Kleiner. Das Ganze ist uralt und stammt aus jener Zeit, als der Mensch das Rad erfand. Die Anzahl der Speichen um die Radnabe – 7, 9, 12 – beruht nicht auf Zufall. Sie entspricht der jeweiligen Aufgabe; es ist möglich, dass ein alter Jenischer – vielleicht auch ein Sinti – in einem seherischen Zustand beschloss, die Gegenstände des täglichen Gebrauchs mit den Daten des Sonnenjahres in Einklang zu bringen. Aus diesem Grund wird das Geflecht aus Spanischem Rohr am Boden der Flasche von zwölf Verstrebungen getragen. Der Unwissende nimmt die Dinge hin, ohne ihren Ursprung zu kennen; derjenige aber, der um die wahre Bedeutung seines Tuns weiss, handelt in Freuden. So lebt der Zigeuner, und wenn er sich dem Geheimnis verschreibt, so tut er dies, weil es ihn vor falschen Wahrheiten schützt. Instinktiv findet er Zugang zu Bereichen, über die auch andere seiner Mitbrüder Gewissheit erlangt haben. Dieser Umstand ist Waffe und Nahrung zugleich; bei den Zigeunern bleibt die Einweihung nicht nur einigen Auserwählten vorbehalten, sondern steht grundsätzlich allen offen, die zu sehen und zu empfangen wissen. Sie erreicht all jene, die aus freiem Wissen bis zum Äussersten gehen, denn der Weg zu Hellsichtigkeit und Selbstbeherrschung ist mit Askese und Entsagungen gepflastert. Diese Übungen sind bis anhin nie genau beschrieben worden, doch können sie, je nach Individuum, zwischen einem Monat und mehreren Jahren dauern.»

Ich selber brauchte vierzehn Jahre, um mit Hilfe täglicher Übungen jene Kraft des Blicks zu erlangen, die das blosse ‹Sehen› zum Überschreiten aller körperlich bedingter Grenzen wandelt. Du bewegst dich in einer Sphäre, in der du den Gedanken deines Nachbarn erkennst, ohne dass er ihn in Worte fasst.

Wenn man diesen Zustand erreicht hat, entschwindet jede Erinnerung an die vorangegangenen Anstrengungen, und nur der wunderbare Augenblick zählt, in dem das eigene ‹Ich› mit dem Wesen des Andern verschmilzt. Auf dieselbe Weise verständigen sich die Wölfe, wenn sie, zum Schutze ihres Rudels, das Gesetz der Stille anwenden. Diese Dinge offenbarte mir Pierre-le-Petit in Arles, und ich erinnere mich noch ganz genau an jenen Augenblick, als ich erstmals die Sprache der Augen bei meinem Bruder Guy vernahm; an jenem Tag verbrüderten wir uns zum zweiten Mal.

Wie lange hätte ich früher wohl gebraucht, um das Rätsel des Labyrinths, der Spirale und des Brustschildes zu entziffern? Drei Leben hätten wohl kaum genügt. Mein heutiges Wissen ist auf das Vertrauen jener Männer zurückzuführen, die dafür sorgen möchten, dass die seit Jahrhunderten verachtete Kultur ihrer Artgenossen endlich verstanden werde. Auf diese Weise konnte ich hier halbwegs den Schlüssel zur Entzifferung solcher Rätsel geben. Man stelle sich aber einen Gelehrten vor, der eine Spirale zu enträtseln sucht, ohne deren geistigen Hintergrund zu kennen! Die jenische Spirale wäre in seinen Händen nichts als ein alltäglicher Gebrauchsgegenstand, ein gewöhnliches ‹Nadelkissen›.

Hartiss sagte zu mir:

«Das Labyrinth ist die Sphinx, und die Spirale ist nicht nur deren Lächeln, sondern auch ihre Tochter. In ihrem Innern trägt sie das Leben des Stammes. Für den Jenischen ist die Spirale eine Art Datenkalender, mit dessen Hilfe das Oberhaupt des Stammes die Geburtstage der einzelnen Familienmitglieder bestimmt. So unwahrscheinlich es klingen mag: ohne Spirale konnten die Jenischen die Geburt ihrer Kinder nicht datieren.»

«Noch heute», so erzählte mir Pépé de Pise, «kommen jenische Frauen mit dem Familienbüchlein zu meiner Gefährtin, um sie nach dem Alter ihrer eigenen Kinder zu fragen. Die jenische Spirale gibt es in diesem Sinne nicht mehr». Pépé, der mit seinem vollen Namen Pietro Valenti heisst, ist beinahe hundert Jahre alt. Seine letzten Jahre verbringt er in einem Wohnwagen, der von einem riesenhaften Menschen, dem ‹Irländer› gesteuert wird.

Der ‹Irländer› ist für Pépé das, was ich für Hartiss bin; ein Sohn. Er weiss so viel wie ich – wenn nicht gar mehr – um die Geheimnisse, und obwohl er nicht lesen kann, ist er für mich eine Art ‹Graue Eminenz›, die mir manche Quelle zugänglich gemacht hat. Es ist, als ob dieses Buch das Resultat vieler Begegnungen und Erfahrungen bilden würde, die sich auf dem Papier zu einem Ganzen formen. Ich hoffe, dass ich lange genug leben werde, um meine Erlebnisse mit Pépé und dem ‹Irländer› aufzeichnen zu können. In diesem Buch liefert Pépé sozusagen nur ein kleines Zwischenspiel; in einem späteren Werk wird sein Dasein als ‹Sonnenmensch› voll zur Geltung kommen.

VIII
Von der Spirale zum Brustschild

Ich hatte mich an jenem Tag mit Hartiss in der Nähe des Pariser Saint-Louis-Spitals verabredet, wo wir uns beim Steg des Saint-Martin-Kanals treffen wollten.

Hier pflegte Pépé seine – wie er es nannte – täglichen Leibesübungen zu absolvieren; ‹Sauvignon› und ‹Mâcon› bilden die Grundlage, den Motor dieses Unternehmens. Das sportliche Ereignis spielt sich jeweils in den Bistros am Kanal von Saint-Martin ab, wo die einen Lokale ‹Mâcon›, die andern ‹Sauvignon› ausschenken. Nach Abschluss der ‹Übung› ist der Siebenundneunzigjährige stets von sprühendem Schalk, Fröhlichkeit und Menschenliebe erfüllt.

Ach Pépé; an jenem Tag, an dem du unseren gemeinsamen Erdenweg verlassen wirst, werden Hartiss, der Irländer und ich deiner gedenken. Wir werden von einem Kanalufer zum andern wechseln, den Sauvignon mit dem Mâcon vergleichen und – wie du – das Für und das Wider erwägen. Beim Wein ist es wie mit den Menschen; es gibt davon sowohl gute als auch schlechte Exemplare ...

«Dieser Steg über den Kanal ist Bestandteil eines persönlichen Labyrinths. Er führt mich vom Positiven zum Negativen, von links nach rechts. Wenn ein Fluss durch eine Stadt fliesst, so sprechen die Gadjos von einem linken und einem rechten Ufer. Für sie hat das Ganze rein geographische Bedeutung; für mich ist es anders, denn der Aufenthaltsort bestimmt die Lebensart. Hier in Paris führen die ‹Gavalo› von Saint Germain ein völlig anderes Dasein als jene vom Palais-Royal. Das bewirkt der unterschiedliche Aufenthaltsort, mein Sohn!»

Gelegentlich begegne ich dem Alten in der Nähe des Stegs, und stets begrüsst er mich mit den gleichen, herzlichen Worten. Gemeinsam betreten wir ein nahes Bistro, seine nächste sportliche ‹Etappe›.

«Du befindest dich heute auf der guten Seite des Kanals, mein Sohn. Der Wein und die Würste sind hier trocken. Das ist gut für die Gesundheit.»

Unter dieser fröhlichen Maske entdeckte ich gelegentlich sein wahres Gesicht; wenn er zu mir spricht, glaube ich oft, Hartiss, den alten ‹Pierre-le-Petit› – ein Kaku in Arles – oder das Kalderas-Oberhaupt Wolfgang Baumgarten vor mir zu haben. Demselben Quell entspringt derselbe Geist.

«Hartiss hat mir erzählt, dass du in deinem neuen Buch über die ‹Taubäder› berichtest.»

«Jawohl».

«Glaubst du, dass die Gadjos solche Bäder ausprobieren werden?»

«Ja, das ist der Grund, warum ich über dieses Thema geschrieben habe, Pépé.»

«Du glaubst an Träume, mein Sohn. Ich möchte das dumme Gesicht jenes Lesers sehen, der den Versuch gewagt hat. Weisst du übrigens, dass die Taubäder dem Unwissenden gefährlich werden können?»

«Warum gefährlich? Ich nehme ja selber auch Taubäder.»

«Ich glaube, dass gerade deine längsten Taubäder nichts anderes als Possen waren. Der Rest ist ein kurzes ‹sich benetzen›.»

Er schneidet ein Stück von seinem Wurstbrot ab und reicht es mir mit folgenden Worten:

«Es ist sehr wichtig, Pierre, dass man den Gavalo darüber aufklärt, dass er nackt, mit bedecktem nach Osten gerichtetem Haupt schlafen muss. Nur so kann das morgendliche Taubad seine Wirkung entfalten.»

«Ich habe darüber geschrieben.»

«Du musst diesen Punkt strikte hervorheben. Bedenke, dass es für einen Aussenstehenden nicht gerade zuträglich ist, nächtelang, nur mit einer Decke angetan, auf getrocknetem Sumpfboden herumzuliegen. Dazu braucht es eine Konstitution, wie ich sie habe.»

«Du hältst dich wohl für Tarzan?»

«Nein, Pierre, nicht für Tarzan, nur für einen Mann, der um den Lauf der Dinge weiss. Einige meiner Mitbrüder nennen mich ‹Pépé de Pise›, weil mich meine Grossmutter Valenti – ‹Maria-la-Jeunesse› – zehn Tage nach meiner Geburt nackt auf wilden, taufeuchten Hafer gebettet hatte. Im Schutz der Wagenplache hatte ich zuvor die ganze Nacht auf dem Bauch meiner Grossmutter geschlafen. Merke dir diesen Punkt gut, Pierre, und schreibe darüber in deinem Buch: die Taubäder sind nur gut für erwachsene Männer und für Kinder, die weniger als einundzwanzig Tage alt sind. Ein Rom-Zigeuner ist mit vierzehn Jahren ein Mann, so dass er von diesem Zeitpunkt an – und keinesfalls früher – Taubäder nehmen darf. Die Bäder sind ihm fortan bis zu seinem Tode erlaubt; ich selber habe mein letztes Taubad zur Zeit der letzten Herbst-Tagundnachtgleiche genommen.»

«Warum nehmen die Frauen keine Taubäder, Pépé?»

«Die Frau, mein Sohn, ist eine Blume, und deren Tau ist der Zigeuner. Stell dir einmal vor, du würdest ein Taubad mit deiner Gefährtin teilen; bedenke die vielen Vorkehrungen, die zu einer positiven Entwicklung des Unternehmens nötig wären! Hör zu, Pierre, diese kleine ‹Romni›, die heute deine Frau ist, hat dir drei Söhne geschenkt. Dreimal hat sie das Licht des Lebens entfacht. Die dabei verbrauchten Kräfte müssen stets durch dein eigenes, freigewähltes Handeln ausgeglichen werden; dazu gehören auch die Taubäder, die dem Stamm und deiner ‹Romni› dieses unerlässliche innere Gleichgewicht verleihen. Wenn deine Frau gebiert, so wird sie von einem Berg entbunden, dein Taubad aber kann bestenfalls mit einem Maulwurfshügel verglichen werden.

Die Gadjos, die unser Leben beobachten, können unser Verhalten nicht begreifen. Das ist ganz normal, da sie nicht mit den Naturelementen zu kämpfen haben. Sie verschanzen sich hinter Schein und Tand; man darf ihnen nicht böse sein, denn sie sind allesamt armselige Kreaturen. Ich kenne Afrikaner, die zu ihrem Lebensunterhalt die Strassen von Paris fegen. Einige davon sind Herren, Pierre, richtige Herren, deren Sprache mehr Geist beweist als bei mancher ‹Stütze der Gesellschaft›.

Aus diesem Grund musst du jedes deiner Worte genau bedenken und abwägen, denn man wird Beschwerden erheben, sobald du über gewisse Dinge aus unserem Leben berichtest. Entstelle nie den Sinn unserer Worte, mein Kleiner. Wiederhole wörtlich, was Pierre-le-Petit, Hartiss, ich oder der Irländer zu dir gesagt haben. Respektiere unsere Aussagen, wie du einst die Worte Georgios respektiert hast. Statt Federhalter und Papier verwendet der Zigeuner Mund und Ohren. Erinnere dich stets daran!

Die Kraft mündlicher Überlieferung liegt in der Wahrheit, mein kleiner Dummkopf. Überlege dir, dass mit der Schrift genauso gelogen werden kann wie mit dem Mund! Wenn du über mich schreibst, so denke an meinen Mund, der – ausser gegenüber den ‹Flics› – nie gelogen hat. Die erwähnte Ausnahme ist nur gerecht, denn der einsame Wolf muss die Schakale zu täuschen wissen.»

Nachdem er seine Rede beendet hatte, blickte er mir tief in die Augen:

«Ich fühle mich wohl in deiner Nähe, sogar sehr wohl. Du wirst eines der letzten Lichter meines Lebens gewesen sein. Ein solches Licht ist wichtig, mein Kleiner, auf dass man es am Ende seiner Tage wie eine kleine, nie erlöschende Flamme mitnehmen könne. Es wird mich auf meinem Weg auf der anderen Seite des Labyrinths begleiten. Auch ich, mein Sohn, habe Labyrinthe durchschritten – drei sogar –, und bald werde ich zu jenen geheimen Quellen gelangen, die auch du eines Tages entdecken wirst. Mein Kreis wird sich schliessen, und ich werde mich im Innern der jenischen Spirale zur Ruhe legen. Dann, erst dann, frage ich nicht mehr nach dem ‹Warum› der Dinge. Wie eine Ratte oder ein Prinz, ein Henker oder ein Verurteilter werde ich zum Absoluten vorgestossen sein. Mein alter Leib wird diese Erde ernähren, die ihm zuvor so oft Nahrung geboten hat.

Auch das gehört zum Geheimnis des Labyrinths von Chartres; obwohl es seit Jahrhunderten von Königen und Bettlern, grossen Geistern und Dummköpfen betreten wird, wissen nur wenige seine Kräfte zu nutzen. Dazu gehören vielleicht wir, die Parias dieser Zivilisation, und die Brüder der Landstrasse. Wir begegnen uns gelegentlich, ohne ein Wort zu sagen, weil unsere Herzen von der Sprache des Labyrinths erfüllt sind.

Ach die Sprache! Wenn ich in völliger Einsamkeit schreibe, so strebe ich einzig und allein danach, die Grenzen dieses unendlichen Feldes geistiger Kräfte abzustecken. Es ist, als wäre ich gleichzeitig Ackersmann, Sämann, Schnitter, Müller und Bäcker im Kampf um das tägliche Brot des Geistes, das auch mir zur Nahrung wurde, als ich jenen Patriarchen begegnete, die meine Brüder werden sollten.»

Mehr als zweitausend Kilometer trennen mich von den jenischen Mitbrüdern, die in Seine-et-Marne jene rituellen Wiegen flochten, in denen die letztgeborenen Söhne ihre ersten Erfahrungen mit den Welten jenseits der ‹Grenzen› gesammelt haben.

Wie viele Abfallgruben und unwirtliche Lagerplätze grenzen wohl an dieses Paradies, den spanischen Hafen ‹Puerto Santa Maria›, wo ich diese Zeilen niederschreibe. Eines Tages werde ich vielleicht in Cádiz nach meinen andalusischen Mitbrüdern suchen; welches Oberhaupt wird mich dort empfangen?

In vier Tagen wird mich einer dieser monströsen Metallvögel in die leprösen Vorstädte von Paris zurückfliegen. Der Oleander, die Palmen und Kakteen werden verschwunden sein, doch wartet bereits in der Nähe des ‹Cirque d'Hiver› unser Wohnwagen auf mich. Alles ist zum Aufbruch gerüstet, und während ich dies niederschreibe, sind meine beiden Ältesten wohl gerade mit den letzten Vorbereitungen beschäftigt. In weniger als zwei Wochen werde ich meinen Mitbrüdern der Landstrasse wieder begegnen. In welcher Kehrichtgrube werde ich dieses Buch wohl beenden? Wann werde ich eine solche Oase wie dieses ‹Puerto Santa Maria› wiederfinden, wo der Schatten des Oleanders den Schlaf unseres letztgeborenen beschützt und wo sich das Kleid meiner ‹Romni› wie eine Blume vom Grün der Kakteen abhebt; einen Ort, wo sich die Palmen im Wind des Atlantik wiegen?

Wo bist du, Pépé? Du, dein Labyrinth und deine Spirale? Wie lange werde ich dein von Wind und Wetter gegerbtes Gesicht noch betrachten dürfen, um aus deinem Mund das uralte Lied der Wahrheit zu vernehmen, das deine Altvorderen von den Ufern des Indus mitgebracht haben? Du als letztes Glied dieser endlosen Kette gibst mir die Möglichkeit, die Wahrheit dieser Geächteten zu Papier zu bringen.

Pépé sagte mir einst, dass ich keine ‹gelehrten› Bücher schreiben könne, und dass das gut sei. Als ich ihn fragte, wie er den Brustschild beschreiben würde, antwortete er mir:

«Ich erkläre es in ganz einfachen Worten. Ich schaue den Gesprächspartner an und rede mit ihm wie mit einem Kind.»

«Aber die Kinder verstehen doch solche Zusammenhänge nicht, Pépé!»

«Es ist nicht nötig, dass du die Dinge, die dir wiederfahren, verstehst; wichtig ist, dass du zu empfangen weisst. Du musst mit dem Brustschild dasselbe tun wie mit der Rose.»

«Mit der Rose?»

«Ja, die Rose! Hartiss hat dir schon darüber erzählt. Diese widernatürliche Blume wurde von den Menschen erschaffen, die zuvor die wilde Rose ausgerottet haben. Dennoch bezaubert sie dich durch ihre Form, ihre Farbe und insbesondere mit ihrem Duft. Ja, mein Kleiner, der Duft der Rose ist trügerisch; ursprünglich ein natürlicher Bestandteil der ‹Rosa simplex›, hat ihn der Mensch und sein verfluchtes Wissen total verfremdet. Es ist eine Ungeheuerlichkeit, eine Wahrheit zur Lüge umzuformen. Der heutige Mensch schleppt sich mühselig auf Wegen, die er einst, zur Zeit der wilden Blumen, leichtfüssig ducheilt hat. Er folgt dem Beispiel der Rose, und er klammert sich so sehr an diese verfluchte Blume, dass jedes einzelne Blatt einem Götzen oder einer Gottheit gewidmet ist: ein Beweis, dass jede Religion trügerisch ist.»

«Aber Pépé, wenn du mir sagst, dass der Brustschild der Rose entspricht, so muss er folgerichtig auch trügerisch sein.»

«Dummkopf, du hörst nie richtig zu, wenn ich etwas erzähle! Ich habe nur gesagt, dass der Geruch der Rose nicht erklärbar sei, obwohl er von Menschenhand erschaffen wurde. Der Unterschied liegt darin, dass der Brustschild auf Grund einer bestimmten Zahl geschaffen wird, die in der jeweiligen Form zum Ausdruck gelangt. Hier findet sich nichts Künstliches; die Konstruktion ist so einfach wie bei einer Giesskannenbrause.»

«Eine Giesskannenbrause?»

«Ja, eine Giesskannenbrause! Ich habe eines Tages eine solche Brause genau angesehen, und ich frage mich noch heute, was für ein Mensch ihr Erfinder gewesen sein mag. Wer wagte es, als erster auf einer ausgebauchten Rundung Löcher anzubringen, um damit das träge Wasser wie Regentropfen verteilen zu können? Falls du eines Tages Gelegenheit hast, eine Giesskannenbrause zu betrachten, so schau dir die Verteilung der Löcher an und vergleiche mit dem Brustschild; du wirst dann verstehen, was ich meine. Wie bei der jenischen Spirale und den Brustschildern ist auch hier das Zentrum so gestaltet, als ob der Ort der Einweihung, die Wurzel des Ganzen ausgespart worden wäre. Dieses Geheimnis bleibt noch zu lüften; ich bin kein Gelehrter, mein Sohn, ich kann nicht lesen, aber wie du verstehe ich die Zusammenhänge rein instinktiv. Sie sprechen zu mir. Woher dies alles kommt, weiss ich nicht. Möglicherweise waren es gar nicht die Zigeuner, die im Laufe der Zeit die Gesetze der Brustschilde aufgestellt haben, ganz sicher aber haben wir das entsprechende Wissen übernommen.»

«Hartiss sagte mir aber, dass es in bezug auf die Mittenverlagerung des Kreises dreihundertsiebzig Punkte gebe, die mit den dreihundertsechsundsechzig Tagen eines Schaltjahres übereinstimmen. Vom Zentrum des Kreises ausgehend, bedeutet der Raum zwischen den einzelnen Punkten ein jeweiliges Datum; der achtundzwanzigste Teil des Umkreises steht für den Monat Februar, der einunddreissigste für März und der dreissigste für April. Kannst du mir erklären, wie ein Volk von Analphabeten die Grundlagen dieser Konstruktion über Jahrhunderte ohne Schrift und Zeichnungen zu bewahren vermochte?»

«Hast du diese Dinge verstanden?»

«Ja.»

«Meine Worte genügten also, um dir alles erklären zu können.»

«Mit dir wird alles leicht fasslich, Pépé!» Er lächelte mich an, ergriff meine Hand und sprach:

«Versuche dich mündlich auszudrücken, Pierre. Nur mündlich. Verwende weder Papier noch Bleistift; versuche einem Künstler das beizubringen, was ich dir soeben gesagt habe. Bitte ihn gleichzeitig, das ‹Gesetz des Prinzips› aufzuzeichnen und daraus die entsprechende Form abzuleiten; das ‹Geheimnis› aus deinem Mund wird kein Geheimnis mehr sein. Von den Nichtzigeu-

Die Zigeuner bestimmten die 366 Stellen der Mittelpunktverlagerung des Kreises mit Hilfe des Labyrinths von Chartes. Jede Stelle entspricht einem Tag innerhalb des Sonnenjahres. Ein zusätzlicher Punkt im Februar steht – wider aller Gepflogenheiten innerhalb des rituellen Kalenders – für die Schaltjahre. (Siehe auch ‹Unter Hexern und Zauberern›.*) Die Zahl 12 (Dezember) stimmt mit dem Januar überein. Warum? Niemand weiss es. Von einem dieser Punkte aus begann der Goldschmied mit der eigentlichen Schöpfung des Brustschildes, wobei das äusserste Ende des über dem Kreis sich ausbreitenden Kegels dem Durchmesser des zentralen Mittelkreises entsprach. Einige eingeweihte Zigeuner stellten die zwischen zwei Monatszyklen aufscheinenden Flächen gewissen Gestirnseinflüssen gleich. Auf dieser Oberfläche wurde der Kegel gekröpft, womit eine plane Fläche erzielt wurde, die dem Punkte der Sonnenwiderspiegelung an den ägyptischen Pyramiden entsprach. Eine wunderbare Konstruktion! Die folgende Zeichnung illustriert den Scheitelpunkt eines Brustschildes, der für einen Menschen geschaffen wurde, welcher am 17. Februar eines beliebigen Schaltjahres geboren war. Die ausgeführte Form des Brustschildes* (Bild 10) *lässt uns die Reflexion jener Wellen besser verstehen, denen die Wissenschafter unserer Tage so grosse Bedeutung beimessen. Ich bin nur Zeuge und möglicherweise ein gewissenhafter Schreiber; das ‹Warum› dieser Konstruktionen habe ich jedoch nicht begriffen. Trotzdem werde ich dieser Dinge mit einem Gefühl grösster Bewunderung gewahr und erkenne, wie klein der Mensch angesichts der Quelle seiner eigenen Kräfte ist.*

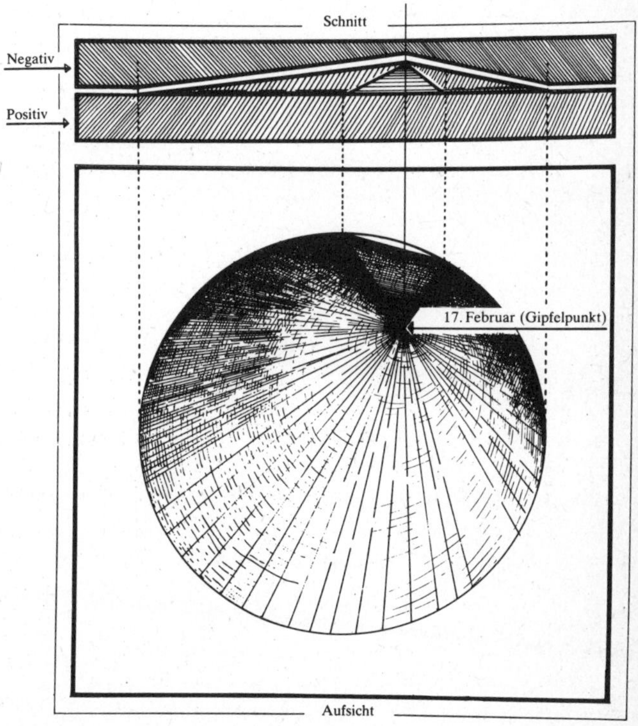
Schnitt
Negativ
Positiv
17. Februar (Gipfelpunkt)
Aufsicht

nern, die darüber in deinen Büchern lesen, werden einige lachen, andere jedoch auf Grund der Vorlage einen eigenen Brustschild herstellen. Letztere besitzen sodann ein phantastisches Instrumentarium, das – nicht viel imponierender anzusehen als eine Streichholzschachtel – an einem Lederband auf der Höhe des Sonnengeflechts getragen wird. Dieser ‹Regulator› wirkt auf die Psyche ausgleichend, beseitigt Wahnvorstellungen und nervöse Depressionen sowie alle störenden Einflüsse auf das Gehirn dieses schwächsten aller Geschöpfe: des Menschen. Der Nichtwissende glaubt möglicherweise ein sogenanntes ‹Gri-gri› vor sich zu haben; das ‹Gri-gri› beruht jedoch einzig und allein auf dem Magnetismus seines jeweiligen Schöpfers. Der Brustschild wird von Gesetzen bestimmt, die ich nicht kenne, deren Wirkung ich jedoch zu spüren bekomme, so wie beispielsweise dein Transistor die Radiowellen zu empfangen vermag. Das Brustschild erfasst mit seiner negativen Seite die Lebenswellen, um gleichzeitig mit seiner positiven Seite die Wellen des Todes zurückzustrahlen. Eines Tages werden diese Zusammenhänge von Gelehrten aufgezeigt werden, welche Wissenschaften beherrschen, deren Namen mir unbekannt sind. Dennoch machen wir von all diesen Dingen seit Jahrhunderten Gebrauch.

Wieviele Flugkapitäne oder Automobilrennfahrer wissen, wie man ein Pferd vor einen Wagen spannt, um auf diese Weise eine Provinz zu bereisen oder auch nur die Grenzen eines Departements zu erreichen? Zweifellos nur einige wenige, denn auf Grund seiner Vertrautheit mit dem Widernatürlichen hat der Mensch alles Natürliche in seiner Lebensgestaltung verloren. Einige ihrer Söhne – und davon bin ich überzeugt – werden eines Tages zu diesen Quellen zurückfinden, aus denen wir bis heute geschöpft haben, um auf Grund deiner Aufzeichnungen unsere

Bild 10: Ein von Yves Derlon, Bildhauer in Chartres, ausgeführter Brustschild. Dieser ‹Wellenempfänger› wurde für einen Menschen geschaffen, der am 17. Februar eines Schaltjahres geboren war. (Photo: G. Loucel)

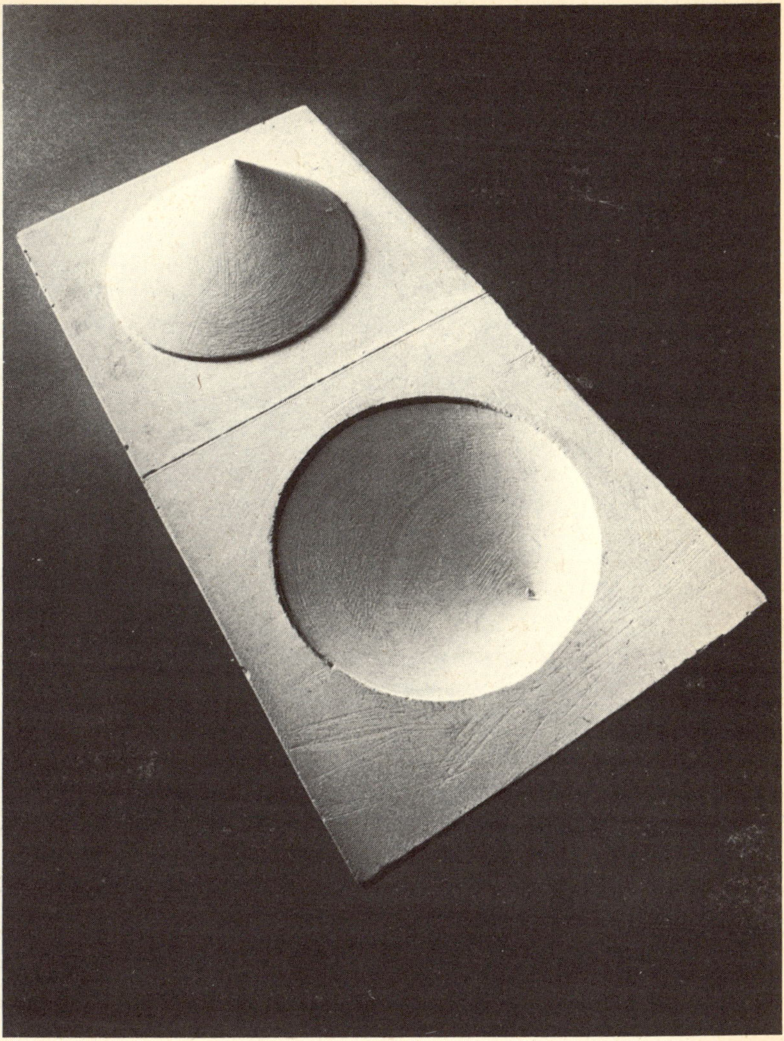

Lebensweise zu rehabilitieren. Deine Hinterlassenschaft wird allerdings bescheiden sein, denn du bist nichts als ein einzelner kleiner Stern inmitten einer riesenhaften Konstellation.»

«Pépé, es gibt einen gewissen Punkt, der mich schon lange beschäftigt.»

«Ich weiss, mein Sohn. Du fragst dich, warum du anstelle von Hartiss stets mich antriffst.»

«Ja, so ist es!»

«Beruhige dich! Unser ‹Bruder› ist wohlauf, und wenn ich allzuoft meinen Hintern dort herumdrücke, wo eigentlich Hartiss sitzen sollte, so beruht das einzig und allein darauf, dass ich dazu nicht mehr so viel Zeit habe wie er. Die Flamme unseres Lebens ist zeitlich begrenzt wie bei einer Kerze.»

«Warum sagst du das, Pépé? Du bist doch wohlauf und bester Gesundheit ...»

«Das stimmt, mein Sohn, aber wie der Docht einer Kerze, werde auch ich eines Tages niedergebrannt sein. Ich weiss und fühle es; es geht mir ähnlich wie einem alten Wolf, der sich von seinem Rudel entfernt, um sich nochmals am Ufer des Flusses auszuruhen, wo er sein letztes Bad nehmen wird. Bevor er aber diese letzten Schritte unternimmt, muss er sein Wissen an jene jungen Wölfe weitergeben, die dafür Verständnis haben; ich bin ein alter Wolf, Hartiss ebenfalls, und wenn unsere Ausdrucksweisen auch unterschiedlich sind, so stammen die Dinge, die wir erzählen, gleichwohl aus derselben Quelle. ‹Der Mann von Arles›, der dir einst unseren Weg zur Weisheit erklärte, hat dir die Urgründe jener Dinge offenbart, über die ich dich bis zum heutigen Tag weiter unterrichtet habe. Wenn du dich seiner Worte erinnerst, so schreibst du in deinem Buch: ‹Pierre, der kleine Kaku, in Arles hat mir gesagt ...›. Auf diese Weise werden deine Aussagen vom Odem jenes Mannes durchwebt, der dir diese Dinge nähergebracht hat; das beweist so deine Liebe und Dankbarkeit gegenüber ‹Pierre-le-Petit› und Georgio. Das ist sehr bedeutsam, mein Sohn. Eines Tages wirst auch du deinen eigenen Odem wirken lassen, ich weiss es; dein Hilfsmittel wird die Schrift sein, denn die Schrift ist dein Schlüssel zu den Träumen.

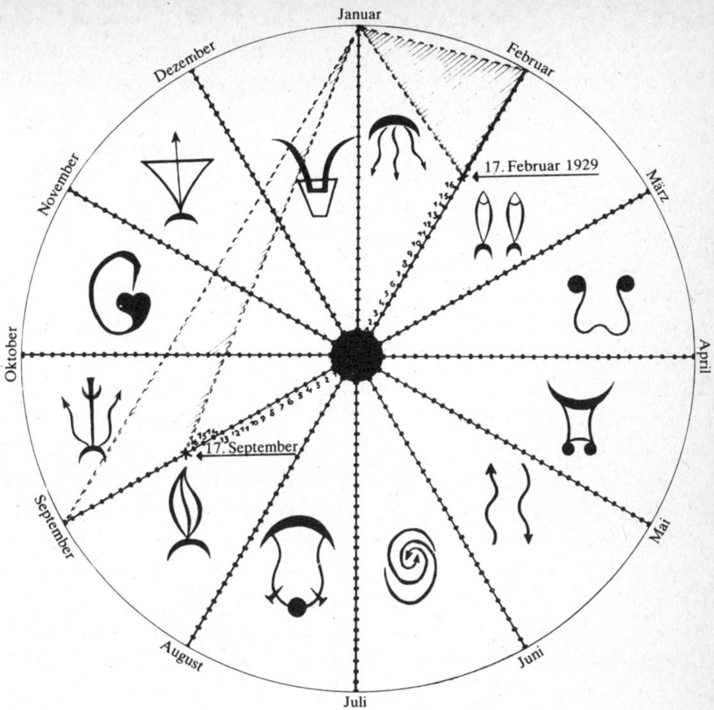

Sie ist für dich dasselbe wie für deine Söhne die Gitarre. Du wirst einen Roman schreiben, doch muss dieses Werk so aufgebaut sein wie jene Erzählungen von Hartiss, welche am abendlichen Lagerfeuer die Kinder entzückten und die Erwachsenen belehrten; nur so werden diejenigen, die uns verachten, aus deinem Roman Gewinn ziehen können. Denke stets daran, dass du bis zu deinem letzten Atemzug wie ein Zigeuner denken, lieben und handeln musst, um wie ein alter Wolf in Ruhe sterben zu können.

So musst du leben, Pierre, so lebt auch deine Romni, und das ist der Grund, warum ihr beide vor aller Welt unzertrennlich seid. Es gibt geistige Zusammenhänge, die den Menschen erniedrigen oder über seine einfache Daseinsweise hinausheben können. Wir selber sind das Labyrinth, und wir bestimmen auch unseren eigenen Weg; die negativen Kräfte sind dabei in Kauf zu nehmen, solange sie uns über das Nichts hinausheben und uns zur Erleuchtung bringen. Nur das ist wichtig!»

Nach einem gewaltigen Schlag auf meine Schultern fährt Pépé fort: «Sprich zwei Worte, mein Kleiner, nur zwei Worte, und ich werde dir den Zugang zu einem eigenen ‹Odem› zeigen.»

«So erzähle mir etwas über Gott und über den Zorn, Pépé!»

«Du sprichst zwei gewaltige Worte aus, mein Sohn. Ich weiss, dass du nach Gott suchst, und dass er in dir selber wohnt! Ich weiss auch, dass du den Zorn besiegt hast und ihn fürchtest. Um mit dir über diese Dinge, die du einesteils suchst und andernteils fürchtest, sprechen zu können, gebe ich meiner Seele das Gehabe eines unwissenden Patriarchen, der einen Schüler, der weiser ist als er selbst, zu unterrichten hat. Ich tue das nicht, um dir Schwierigkeiten zu bereiten, sondern um dir die Kraft zu geben, bis an dein Lebensende das zu bleiben, was du bist; eine konstruktive Kraft, ein Baumeister an unserem Werk. Ich hätte lieber die Worte ‹Liebe und Hochmut› gehört, denn die erste Eigenschaft tötet die andere. Es wäre mir eine Freude gewesen, mit dir über den Hochmut zu sprechen, der dich die beiden Begriffe ‹Gott› und ‹Zorn› aussuchen liess. Hüte dich vor dem, was du für ‹Intelligenz› hältst; es ist ein Trugbild, das dich zum Hochmut verführt. Höre aber auch, was ich dir in bezug auf Gott zu sagen habe. Einige sprechen von Gott, andere von der Vorsehung, ich persönlich nenne es eine ‹Bewandtnis›. Bewandtnisse aber sind nicht in jedem Fall von göttlicher Vorsehung bestimmt. Wird der Mensch von einem unglücklichen Ereignis getroffen, so glaubt er, dass der Himmel ihn verlassen habe. Er bittet Gott um Hilfe. Der Wolf in der Falle kennt jedoch kein Gebet; mit seinen Hakenzähnen trennt er die eingeklemmte Pfote ab und entfernt sich humpelnd, aber frei. Hast du schon einmal deine Finger eingeklemmt?»

Ich schaute Pépé an, ohne zu antworten. Er senkte sein Haupt und spielte mit den Fingern.

«Verdammt nochmal, du erwischst einen doch immer, Pépé!»

«Mein Sohn, ich werde dich nie ‹erwischen›. Ich kratze lediglich an dir, auf dass du zu einem gewissen Bewusstsein gelangest; es ist von grösster Wichtigkeit, dass man sich über seine eigenen Handlungen im klaren ist. Bedenke, dass dein zweites Buch ins Englische, Portugiesische, Spanische und Deutsche übersetzt worden ist, womit Menschen in ganz anderen Ländern mit unserer Lebensweise in Berührung kommen. Das ist sehr bedeutsam, mein Sohn, denn für diese Unbekannten wird es beinahe ein Blick in das Auge Gottes bedeuten. Um auf das Wort ‹Zorn› zurückzukommen: Wenn du im Zorn sprichst, so ist dein Körper wie ein reissender Wildbach. Unfähig, seinen Lauf unter Kontrolle zu halten, wird er zum tödlichen Strudel, der jedes Hindernis zerstört oder in die Tiefe reisst.

Wenn sich dein Mund dem Zorn zu verschliessen weiss, so erstarkt dein Herz zu einem mächtigen Fluss, der dich zu den Gefilden der Ruhe trägt. Wer sich dem Zorn versagt, sieht in den Ausbrüchen seiner Mitmenschen nur noch ein trauriges Schauspiel. Wenn dein Körper, dein Herz und dein Mund dem Zorn in Ruhe standhalten, so wirst du und deine Seele zu einem Quell der Labsal.»

«Seit fünfundzwanzig Jahren lasse ich keinen Zorn mehr in mir aufkommen. Und dennoch, Pépé, habe ich schon oft bemerkt, dass diese innere Ruhe anstelle von Gewalt gefährlicher sein kann als echter Zorn. Ich habe den Wahnsinn, den Hass und die Todesdrohung in den Augen jener Männer und Frauen gesehen, die Zeugen meines bewussten Willens zur Ruhe waren. Beim Niederringen meines eigenen Zorns beobachte ich mich sozusagen selbst. Ich habe sogar mit dem Zorn meine Scherze getrieben!»

«Wie hast du das angestellt?»

«Ich tat so, als ob ich äusserst zornig wäre. Einer meiner Vettern hatte sein Wort gebrochen, obwohl er mir stets sehr zugetan war; meine an den Tag gelegte Verachtung hat ihn beinahe umgebracht.»

«Schäme dich, mein Sohn! Was ist aus deinem Vetter geworden?»

«Er hat es nie vergessen.»

«Bereust du dein Verhalten?»

«Ja und nein.»

«Du bist unentschlossen, weil du den Zorn durch Hochmut ersetzt hast. Es genügt nicht, dass man das Schlechte in sich abtötet; man muss etwas Lebendiges, Positives an seine Stelle setzen. Schwöre bei meinen alten Knochen, dass du an jenem Tag, an dem deine inneren Kräfte den Zorn besiegt haben werden, den Hochmut durch Liebe ersetzen wirst. Entferne dich von der Verachtung, denn das Spiel des Zorns ist verachtenswert für den, der nicht ohne Liebe seinen Weg zu gehen versteht.»

«Sieh dich vor, Pépé: du beginnst zornig zu werden!»

Er lachte lauthals, nimmt mich am Arm und führt mich über den Boulevard Richard-Lenoir, wo wir uns auf der Terrasse der ersten Bierschenke niederlassen. Nachdem er zwei halbe ‹Gemischte› bestellt hat, neigt er sich zu mir und sagt:

«Versprichst du es bei meinen alten Knochen, mein Sohn?»

«Ich versuche es, Pépé!»

«Das ist gut, du beginnst bereits deinen Hochmut zu bezähmen.»

«Es ist dir aber dennoch gelungen, mit mir über Liebe und Hochmut zu sprechen.»

«Das ist ganz normal, mein Sohn. Beide Begriffe stehen zu ‹Gott› und ‹Zorn› in enger Beziehung. Du weisst aus eigener Erfahrung, dass Hochmut die Liebe zerstört; der Zorn aber vernichtet Gott, falls es ihn gibt.»

«Dennoch wird in der Bibel immer wieder vom ‹Zorn Gottes› gesprochen!»

«Das haben die Menschen geschrieben, und des Menschen Sinn ist trügerisch. Wenn es Gott gibt, dann schreibt er nicht; er spricht. Der Mensch zerstümmelt seine Worte, so wie du meine Rede nach Belieben entstellen kannst. Vergiss nicht, dass sich das Labyrinth im Menschen selbst befindet, um von seinem Geiste durchwandelt zu werden. Das Ergebnis ist Herzensfülle oder

Verzweiflung. Du bist von diesem inneren Glück erfüllt, doch bedenke, wie wenig es braucht, um das Gegenteil zu bewirken; der Geist des Menschen ist zerbrechlich wie Glas. Stell dir vor, was aus mir geworden wäre, wenn ich wie Hartiss lesen gelernt hätte! Mein Leben wäre nicht mehr auf den Instinkt eingerichtet und ich könnte keine Quelle zur Löschung meines Durstes mehr finden. Ich hätte zudem vergessen, wie man einen Fasan oder einen Hasen mit der Schlinge fängt, und ich wüsste keinen Hecht mehr zu ködern. Um die Meinen zu ernähren, brauchte ich möglicherweise ein Gewehr oder eine Angel; schon nur der Gedanke daran, beschämt mich ...»

Ich lächle ihn an, betrachte seine Hände und sage:

«Wieviele Wildhühner hast du mit deinen eigenen Händen gefangen?»

«Ein Mensch, der liebt, zählt nicht, mein Sohn. Wie vielen Männern, Frauen und Kindern hast du mit der Kraft deiner Hände Gutes getan?»

«Ich kann mich an keine Zahlen erinnern, Pépé. Ich weiss nicht, wie viele es waren, seit du mich diese Kunst gelehrt hast.»

«Und du glaubst, dass ich mich an all die Nahrung erinnere, die ich mit meinen Händen beschafft habe? Und du erinnerst dich nicht einmal an deine guten Taten? Bist du etwa dümmer geworden als ein einäugiger Hahn?»

Pépé hört auf zu sprechen; mit einer einzigen Bewegung lässt er seinen andalusischen Hut in die Höhe schnellen, und schon verschwinden seine Augen hinter der flachen Krempe. Lächelnd meint er:

«Mit dem Geist ist es wie mit dem Körper; wenn du zuviel Nahrung aufnimmst, wird die Verdauung schwierig und du fühlst dich nicht mehr wohl. Ich habe dir heute genug Neues zuteil werden lassen; du brauchst nun Zeit, um dich vom Geruch der Rose wieder zu lösen, um zu verdauen. Die Verdauung des Geistes, mein Sohn, ist die Überlegung, das Nachdenken.»

Ich betrachte die Leute an den Tischen der Bistro-Terrasse und sehe in einem Spiegel die Rücken all jener, die an der Bar Dinge zu vergessen suchen, deren sie sich möglicherweise nie bewusst waren. Pépé aber öffnete mir die Augen für das wirkliche Leben. Ich erinnere mich jener Zeiten, als ich noch täglich nach der Nahrung des Geistes schmachtete. Wie ganz anders ist mein heutiges Dasein!

IX
Das Geheimnis der Zigeuner-Hieroglyphen

Mein Leben ist frei von Hochmut, weil ich intensiv lebe. Ich denke dabei an jene Dimension, die andere ebenfalls erreichen können; Menschen, denen ich in ganz genau vorbestimmten Momenten begegne. Welch seltsamer Zusammenhang menschlicher Schicksale findet sich im Labyrinth der Zeit, das zum Innersten der Spirale führt!

Wie viele gelangen zu diesem Zentrum des Geistes?

Der Weg liegt vor dir, unbekannter Leser. Wenn du ihn richtig zu beschreiten weisst, so führt er dich zur ‹Quelle›, wo du das findest, was ich besitze: Friede, Ruhe und Liebe. Du wirst zugleich Pfeil und Bogen; du findest all das wieder, was du seit deiner Geburt in dir trägst und das Unwissende, von falscher ‹Weisheit› Erfüllte in dir abgetötet hat.

Wenn du wie ich den langen Weg der Fahrenden folgst, seien es Tscherkessen oder andere Zigeuner, so wirst du gewahr, dass jedes Nächstenliebe, Güte und ‹Gerechtigkeit› predigende Dogma eigentlich nur dazu diente, dir mit Hilfe der Angst eine gewisse Zurückhaltung aufzuerlegen. Die sogenannte ‹Gerechtigkeit› bedeutet oft nur Höllenangst, Schmerz und Vergeltung. Der Wolf, der sich zum Schutz seines Weibchens und seiner Jungen opfert, denkt nicht an sein Seelenheil. Dieses Gesetz der Liebe, das ihn sein eigenes Leben opfern lässt, beruht auf einem natürlichen, vom Instinkt geleiteten Dasein.

Pierre-le-Petit, der Kaku in Arles, sagte mir einst, dass die ruhelose Wanderung die natürliche Lebensweise der Nomaden sei. Seit ich in dieser Stadt festsitze, bin ich nur noch ein Trugbild meiner selbst, und ich habe Angst. Sechs Monate «Häuslichkeit» haben das Leben von Pierre-le-Petit zerstört. Um das zu begreifen, musst du dich in die Haut eines Adlers versetzen, den man in einen Käfig gesperrt hat; du wirst alsdann die im Dickicht unserer Vorstädte eingesperrten Zigeuner besser verstehen!

Vor vier Wochen habe ich zum letztenmal an meinem Manuskript gearbeitet. Welch ein Weg von den Oleanderbüschen Andalusiens zum Boulevard Richard-Lenoir, wo ich mit Pépé ein letztes Glas getrunken habe! Jetzt bin ich wieder unterwegs. Der Wagen rollt; nach Avignon und weiter Richtung Salon-de-Provence.

Wenn man die Marschrouten der Zigeuner auf einer Landkarte betrachtet, so verlaufen sie zumeist schlangenförmig; die gerade Linie scheint oft unbekannt zu sein. Ich kenne Zigeuner, welche dieselben Wege benutzen wie ihre Vorfahren, die sich mit ihren Pferden zu geheimen Treffpunkten begaben. Auch ich nehme an diesen nach Jahreszeit und Gewerbe genau datierten Zusammenkünften teil. Dennoch erwache ich gelegentlich auf einer öffentlichen Promenade, im Schutze einer Kirche oder mitten auf einem Viehpfad, ohne dass ich den Namen des Dorfes kenne, in dem ich und meine Stammesbrüder übernachtet haben. Wenn die Dorfbewohner freundlich sind, wenn die Bäckersfrau lächelt und der Gemischtwarenhändler beim Anblick der Kleider meiner Frau und des nackten Letztgeborenen nicht die Nase rümpft, dann weiss ich, dass wir in Ruhe verweilen können. Bis zum Abend schreibe ich dann gewöhnlich eine weitere Seite meines Buches.

Seit zwei Tagen befinde ich mich bei der Durance-Brücke in Manosque beim Stamm meines Bruders ‹Bouchon›. Dieser Name, den er seit dem Zweiten Weltkrieg trägt, ersparte ihm das Todeslager der Nazis; in Wirklichkeit entstammt er dem Zigeunergeschlecht der Sava. Ob Bouchon oder Sava; sein Übername lautet ‹Nono›. Dieser Patriarch durchwandert ganz Frankreich, und Übernamen dieser Art finden überall Zuneigung. Am Abend löscht er sein Lagerfeuer, um sich an das meine zu setzen. Wir wissen beide, was das bedeutet, denn vielleicht löschen wir schon morgen unser Feuer, um uns gemeinsam – ich, meine Frau, unsere Kinder und der Hund – zu Nono zu begeben. Es gehört zum Leben der Nomaden, dass sich die Familienoberhäupter zum Schutze der Ihren zusammentun. Es ist ein unbeschreibliches Gefühl, wenn ein Zigeuner sein Leben so vorbehaltlos mit dir teilt, dass du seine Existenz zu übernehmen glaubst. Die Tabus unserer Zivilisation verblassen und diese Gemeinschaft von Eingeweihten, die dich von einer Familie zur anderen, auf Müllhalden und Parkplätze führt, befreit dich vom erworbenen materiellen Besitz. Über alle Begegnungen hinaus bemüht man sich unentwegt, die Eitelkeit fallenzulassen, um echter Brüderlichkeit

Platz zu machen. Diese Brüderlichkeit scheint ihren Quell im Instinkt der Rottenführer zu haben. Auch ich lebe so, und sehr oft halten mich die Gadjos für ein Zigeuneroberhaupt. Dieses Dasein hat meine Gesichtszüge geprägt, so dass mich viele Zigeunerkinder ‹Dada› – Papa – nennen, während mich andere ‹kaké› – Onkel – oder gar ‹moré› – Bruder rufen.

Viele, die ich seit der Stunde ihrer Geburt kenne, sind heute erwachsene Männer. Dazu zählen Angehörige der Bouglione, der Meyer, der Reinhardt und Denestre. Sie und viele andere bilden heute meine ‹Familie›.

Meine Söhne spielen Gitarre wie ihre Zigeunerbrüder, von denen sie sich am abendlichen Lagerfeuer in keiner Weise unterscheiden. Ohne sich dessen bewusst zu sein, erleben sie den langsamen, von unserem Staat provozierten Untergang der Nomaden. Wenn ihre Haare so grau sein werden wie die meinen, können sie dereinst Zeugnis darüber ablegen. Sie werden als meine Nachfolger den Todeskampf der letzten freien Menschen erleben, die in den Städten dahinsiechen. Die Ebenen mit den weidenden Pferden werden ebenso der Vergangenheit angehören wie die Flüsse, in denen die Frauen Wäsche wuschen, um sie an einem Seil zwischen den Wohnwagen zu trocknen.

Die Steine auf dem Weg zur Hängebrücke knirschen unter den Schritten des Mannes, der auf mich zukommt. Seine blossen Füsse betreten nun das vom Spiel der Kinder und der Hunde niedergetrampelte Gras. Mit seiner Rechten reicht er mir eine mit Landwein gefüllte Feldflasche, Brot und kalten Braten vom Vorabend. Das Ganze ist wie die Bekräftigung einer stillen Eintracht.

«Hast du geschrieben?»

«Ja, Nono, ich habe geschrieben. Oder besser gesagt; ich wollte gerade damit beginnen.»

Sein markantes Gesicht, das die Züge eines alten Indianers trägt, bleibt unbeweglich. Nun verzieht sich der Mund zu einem schwachen Lächeln und seine schwarzen Augen funkeln.

«Ich schreibe heute über das Messer, Nono.»

«Über das Messer?»

«Ja, über ein Messer mit dem Namen ‹Sonne›.»

«Du weisst also um die Bedeutung all jener Dinge, die das Zeichen der Sonne tragen?»

«Ich weiss davon, Nono.»

Der Alte erhebt sich.

«Das ist gut so. Ich möchte von dir eine Erklärung in bezug auf die grossen, grundlegenden Wahrheiten und deren Tragweite hören. Wenn du willst, kannst du mich heute abend beim Lagerfeuer an der Mole treffen.»

«Ich werde kommen, Nono.»

Schon ist er verschwunden. Auf dem Tisch bleiben nur einige Brotkrumen, die Flasche mit einem Rest Wein und sein Messer zurück. Ich weiss, dass er es absichtlich liegen liess; wie eine Figur auf dem Schachbrett des zigeunerischen Gesetzes.

Ich fühle das Messer förmlich vibrieren; es erinnert mich an Dinge, die mir längst bekannt sind. Vielleicht besitzt später einer meiner Söhne ein Messer, das im Zeichen der Sonne steht. Eines dieser geheimen Messer, deren Ursprung im Innersten des Labyrinths von Chartres liegt. Nur wenige Zigeuner lassen solche Messer unbenutzt, aber ich kenne alte Sippenführer, die in ihren Hosentaschen eine kleine stählerne Klinge aufbewahren, die sie als ‹wirkliche Menschen›, als ‹Rom-Zigeuner› ausweisen. Solche Leute zu kennen, stärkt; es ist, als ob deren angeborene, aus dem Willen zu Höherem gewonnene Kraft auf einen selbst überginge.

Am Seil zwischen zwei Pfählen flattern die Kleider meiner Romni wie vielfarbige Fahnen. Von Windstössen gepeitscht, blitzen die Baumwipfel im Sonnenlicht auf; ein Sturm kündigt sich an. Mit dem Daumen öffne ich das Messer, und seine mondsichelförmige Klinge löste in mir jenen Mechanismus aus, der meine ganze innere Entwicklung zu bestimmen scheint.

Bild 11: Rechts das Messer eines Kalderas, links dasjenige eines Sinti. In der Mitte das ‹Sonnenmesser› des 1971 verschwundenen ‹Pierre-le-Petit›, Kaku in Arles. (Photo: G. Loucel)

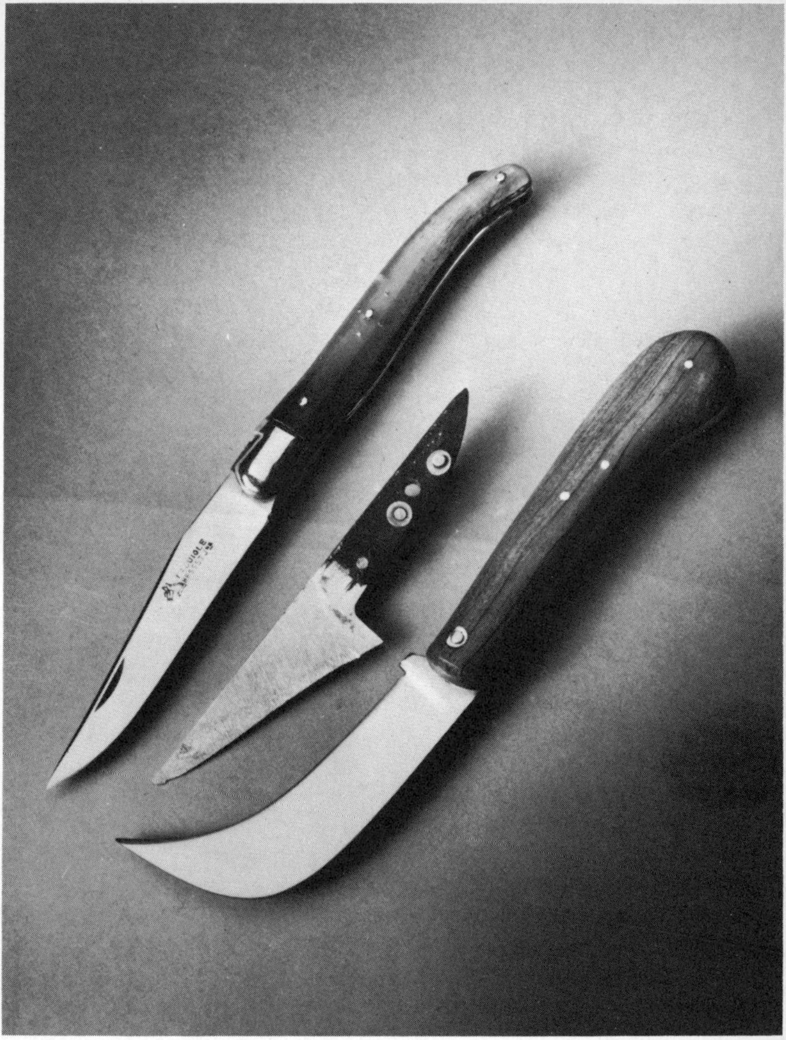

In Gedanken sehe ich die ‹patrines› der Kalderas im Innersten des Labyrinths von Chartres. Nono ist ein Kalderas und wie alle seine Mitbrüder ist sein Messer wie ein Garten- oder Winzermesser geformt. Dargestellt entspricht es sowohl einer nächtlichen Gestirnskonstellation als auch den Hörnern des Stieres. Die Zigeuner kennen die Legende von Theseus und Minotaurus

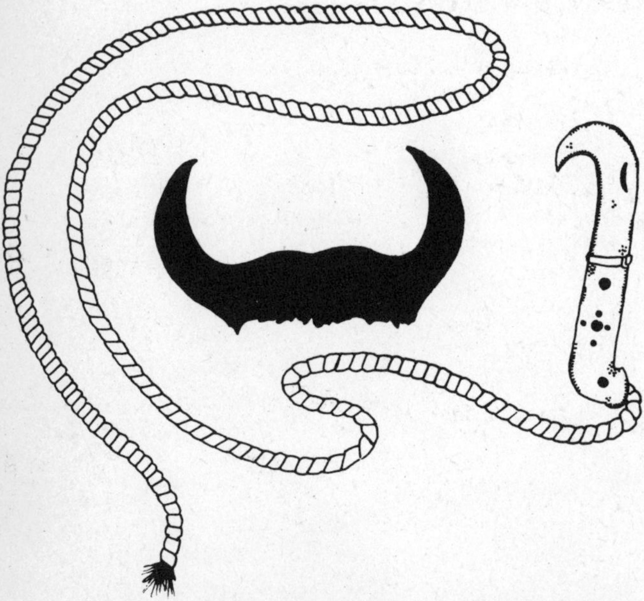

nicht, und ich habe nie einen getroffen, der die Geschichte vom Faden der Ariadne hätte erzählen können. Dennoch finden sich hier Symbole dieser jahrtausendealten Legende. Das ist das Geheimnisvolle!

Betrachten wir einmal diesen Gegenstand; das Messer.

Die symbolische Darstellung des Stiers ist flächig, während die lineare Form der Schnur an den Pfad eines Labyrinths erinnert, mit dessen Hilfe das Messer – und somit der Stier – in eine Art Arena eingeschlossen werden kann. Man bedenke, dass Theseus den Minotaurus im Zentrum des Labyrinths besiegt hat! Diese Schnur, die dem Faden der Ariadne gleichzustellen ist, diente im letzten Jahrhundert den Kalderas als eine Art ‹Landkarte›, mit deren Hilfe sie ihre Routen zu bestimmen pflegten. Ich habe von einigen Zigeuner-Hexern die Erlaubnis erhalten, darüber zu berichten, weil diese Technik heute keine Verwendung mehr findet. Auf diese Weise können sich wenigstens einige Spezialisten unter den Nichtzigeunern damit beschäftigen. Das Verschwinden dieser Sitten ist zu bedauern.

Versuchen wir über diesen Zeilen ein wenig zu träumen. Die Vorstellungskraft ist sehr wichtig, sie führt jenen, der zu ‹empfangen› weiss, zu Ufern, die der moderne Mensch, dieses Opfer der Zivilisation, nur noch fern der Wirklichkeit erleben kann. Vertieft euch in folgende Zeilen, vergesst die Gegenwart und werdet Zigeuner!

Wir befinden uns im Jahre 1890 in Chartres. Es ist der Tag des Pferdemarkts. Aus Flandern kommend, haben wir in Méréglise den Drei-Marien-Brunnen mit unserer Stirne berührt und sind nach Mignières weitergefahren, um bei der Kapelle, die das Bildnis der ‹Sara-la-Noire› beherbergt, die Absätze unserer Stiefel in den Boden zu rammen. ‹Sara-la-Mère›, ‹Sara-la-Kali›, ‹Sara-la-Terre›; sie wird uns verschlingen, denn wir sind dazu bestimmt, eines Tages in den Leib unserer Mutter zurückzukehren. Und nun, erst jetzt, nachdem wir all diese Tribute bezahlt haben, fährt unser Pferdewagen in Chartres ein. Wir betreten das Innere, das Herz des Labyrinths, und die Sohlen unserer abgenutzten Stiefel liebkosen die Rose von Chartres. Die Mühsal unserer dreimonatigen Fahrt hat sich gelohnt, denn hier triffst du den Blick eines andern ‹Wissenden›, der mit seinem Pferd aus der Provence an diese Stätte gekommen ist. Hier, nur hier im Zentrum des Labyrinths kannst du diese magische ‹Landkarte›, jene Schnur, die dich hierhergeführt hat, gegen eine andere eintauschen; sie wird dir den Weg zu den Pferden der Camargue weisen. Auf diese Weise gelangst du zu einem geheimen Ort, vielleicht in den Wald von Riège oder zu den Mauern des Turmes von Constance, wo dich der Hexer erwartet, der zu den Pferden spricht. Dazu benötigst du nur ein kleines, mit Knoten und farbigen Perlen versehenes Schnurknäuel. Diese Schnur führt dich, den Analphabeten, sicherer ans Ziel als jede moderne Landkarte. Stell dir vor, unbekannter Leser, du befindest dich, fern aller Autobahnen, auf dem Rücken deines Pferdes. Deine ‹Romni› sitzt im Wagen, deine Kinder liegen auf ihren Betten, und der Hund sitzt wachend auf der kleinen Planke zwischen den vier Rädern. Wenn du reich bist, so wird die angespannte Stute im Frühling ein Füllen werfen; vielleicht im Wald von Rièges bei Saintes-Maries-de-la-Mer, vielleicht bei den Mauern des Turmes von Constance in Aigues-Mortes. Um dorthin zu gelangen, brauchst du nichts als diesen ‹Faden der Ariadne›, der dich – je nachdem wie du ihn abhaspelst – dieselbe Reise machen lässt wie jenen Bruder, den du auf der Rose von Chartres getroffen hast. Du durchfährst die Strecke nur in umgekehrter Richtung.

Am Ziel angelangt, triffst du die Kalderas, welche den Dreizack herstellen. Du sprichst den rituellen Satz «Ich werde von deinem Blut trinken», und indem du in der Krypta das Bildnis der Sara umarmst, sagst du vielleicht zu Kali «Heute abend werde ich meinem Sohn die ‹Sonne› geben. Hilf, auf dass sie zum Frieden des Stammes in seiner Tasche bleibe!» Nach Beendigung dieses Rituals wählst du beim abendlichen Mahl einen Mitbruder aus, an den du die magische Schnur weitergeben wirst. Das Knäuel wird ihn zur Rose von Chartres zurückführen; denn alles ist steter Wiederbeginn. Möglicherweise hat er dir dafür ein längliches, mit kleinen farbigen Strichen bekritzeltes Stück Schafsleder gegeben. Wenn du diese Zeichen zu lesen verstehst, wer weiss, wohin sie dich führen? Vielleicht in die Vorstädte von Granada oder auf die Spuren von ‹Pépé-le-Vieux-de-Pise›, dorthin, wo andere Pferde, andere Zigeuner und Strassen warten.

Seit zwanzig Jahren bin ich nicht mehr mit Pferden gereist, und der Motorenlärm meines Wohnwagens hat das Geklapper der Hufe verschwinden lassen. Ich höre weder das Rauschen des Windes noch den Gesang der Vögel; beide gingen mit dem Geräusch des Waldes verloren, das ich auch nicht mehr vernehme. Wenn mein Auto in einem einzigen Tag fünfzehn oder zwanzig Etappen hinter sich bringt, für das der Pferdewagen einst ebenso viele Tage brauchte, so empfinde ich mein Dasein als trügerisch und widernatürlich. Nur vereinzelte Halte wie hier an der Durance-Brücke in Manosque bringen mir die Erinnerung an vergangene Zeiten zurück. Hier finde ich eine gewisse Ruhe, und spät in der Nacht schreibe ich beim Schein der Sturmlaterne mit leichter Hand über das Dasein der letzten ‹wirklichen Menschen›. Es ist schwer, darüber Zeugnis abzulegen, schwer die richtigen Worte zu finden! Oft frage ich mich, weshalb ich – wie ein Pfadfinder auf der Spur der Indianer – meinen Mitbrüdern nachreise. Aber wenn ich das ‹Warum› heute nicht mehr genau erforsche, so wohl deshalb, weil ich unbewusst längst selbst Zigeuner geworden bin.

Was ist nun aber dieses Messer, das als ‹Sonne› bezeichnet wird? Das Stammesoberhaupt hat es dem kleinen ‹Rom› an seinem vierzehnten Geburtstag eigenhändig übergeben. Bei den Kalderas war die Klinge des Messers halbmondförmig, bei den Sinti gerade und zugespitzt wie ein Dolch. Für beide aber war diese ‹Sonne› in erster Linie ein Werkzeug, dem der jeweilige Besitzer Respekt entgegenzubringen hatte. Werkzeuge sind bei den Zigeunern Allgemeingut, die ‹Sonne› jedoch gehört einzig und allein ihrem Besitzer. Aus diesem Grund darf er sich in keiner Weise gegen die Harmonie des Stammes vergehen; sein Messer, das sozusagen die Verantwortung für seine Handlungsweise trägt, würde dadurch entehrt. Beim Bruch stammeseigener Gesetze wird deshalb nicht der Mann verurteilt und bestraft, sondern sein Messer.

Man stelle sich einen Vierzehnjährigen vor, der seit zwei Wochen eine ‹Sonne› besitzt. Das Zigeunerlager befindet sich einen Kilometer vom Fluss entfernt, und das Oberhaupt bittet den jungen Mann, die Pferde zur Tränke zu führen. In der Schmiede mit den Geheimnissen des Metallhärtens beschäftigt, will dieser dem Befehl erst später Folge leisten. Da legt das Oberhaupt seine Arbeit nieder und fragt:

«Ist einer unter euch, der nicht trinkt, wenn er durstig ist? Bleibt einer in der Sonne, wenn ihm die Hitze unerträglich wird? Achtet einer sein Pferd nicht wie seinen eigenen Bruder? Wer sein durstiges Pferd nicht zum Fluss führt und ihm keinen Platz im Schatten der Bäume gewährt, sündigt gegen seinen Bruder! Er sündigt gegen seinen Stamm und sein Messer wird fortan nicht mehr ‹Sonne› genannt. Von heute an heisst es ‹Montag›!»

Darauf tritt Stille ein.

Ein Mann leert Wasser über die glühende Kohle. In eine Wolke von Wasserdampf gehüllt, wendet er sich dem jungen Mann zu und legt ihm die Hand auf die Schulter:

«Möge dir ‹Montag› leicht werden, mein Bruder. Alles hat eben einen Anfang; der erste Tag in deinem Dasein als Erwachsener stand im Zeichen der ‹Sonne›. Es gibt Tage, die dauern lange, andere gehen schnell vorüber. Versuche den nächstfolgenden Tag so lange als möglich fernzuhalten und widme dein Herz voll und ganz dem ‹Montag›, der nun angebrochen ist. Sei deines Messers würdig, um das zu sein, was wir sind, gute Schmiede, wirkliche Menschen, Wölfe, die sich ihrer Herde, ihrem Stamm verpflichtet fühlen.»

Um diese Einstellung zum Leben wirklich zu verstehen, muss man meiner Meinung nach Zigeuner oder ein Bruder der Landstrasse sein. Ich bin weder das eine noch das andere, doch tut es mir heute noch weh, wenn ich an jenen Tag zurückdenke, an dem ich einem meiner Söhne das Messer wegnehmen musste, das ihm seinerzeit ein altes Stammesoberhaupt ausgehändigt hatte. Mein Sohn war allzu sorglos und die Benennung des Messers hatte alsbald sämtliche Wochentage durchlaufen.

In seiner Hosentasche ein Messer im Zeichen des ‹Freitags›

zu tragen, war 1850 für einen Kalderas-Zigeuner Verpflichtung, ja Schwur, diesem Umstand gerecht zu werden und sich freiwillig vom eigenen Stamm abzusondern. Er war innerlich seinen Mitbrüdern zu nichts mehr verpflichtet. Einer alten Legende nach haben Kalderas die Nägel zum Kreuze Christi geschmiedet; von einer Lanze gestochen, starb Christus an einem Freitag ...

Bevor die Priester den Katechismus aufstellten, war Kristo für die Kakus ein Mensch unter Menschen. ‹Pierre-le-Petit›, Kaku in Arles, dessen Messer auf Seite 181 zu sehen ist, war der Ansicht, dass das Leiden Christi nichts anderes als ein Weg der Einweihung war. Die Karwoche ist für die Katholiken eine Zeit der Trauer; für ‹Pierre-le-Petit› ein Grund zum Fröhlichsein, Karfreitag war für ihn ein Fest der Freude und der einzige Tag des Jahres, an dem er eine Kirche betrat. «Das ist der einzige Tag der Wahrheit, mein Kleiner, denn am Karfreitag hat Kristo die Gefilde seines Vaters wiedergefunden! Ostern aber ist ein Fest des Hochmuts, das von den Unwissenden begangen wird.»

«Das wirkliche Wunder, Pierre, ist nicht die Auferstehung Christi, sondern sein Tod.»

In einem gewissen Sinne bleibt mir die Logik der Patriarchen stets unzugänglich. Mit grösster Ruhe stellen sie Behauptungen auf, die sie nie erklären, die aber seit Jahrhunderten mündlich von Generation zu Generation weitergegeben werden.

«Eines Tages, Pierre», so sagte mir einmal Hartiss, «wirst du die Worte des Kristo gebrauchen. Einfache Worte des Alltags, die dich erkennen lassen, dass Christus im Grossen das war, was du im Kleinen bist. Ein Mensch, der noch nach zweitausend Jahren von sich reden macht, ist ein wahrer Mensch gewesen!»

«Alles Phrasen», wirst du entgegnen. Dennoch; eines Tages – ich erklärte einem alten Zirkusakrobaten, dessen eines Knie blockiert war, die Medizin der Zigeuner – sagte ich zu dem Unglücklichen: «Stehe auf und wandle ...» Erst als er meine Behausung längst verlassen hatte, entdeckte ich in einer Ecke den Stock, an dem er zu mir gekommen war!

Ich habe diese Worte in Gedanken wiederholt und glaube sie dennoch nicht vollständig verstanden zu haben. In den Blicken meiner Frau und meiner Kinder aber las ich die Bedeutung meines Tuns. Wie scheint in solchen Momenten alles leicht, und wie winzig ist der Mensch!

Aus diesem Grund verstehe ich auch die Geisteshaltung des Zigeuners, der als Besitzer eines solchen Messers seinen Instinkt in den Dienst der Erhaltung und Harmonie seines Stammes zu stellen hat.

Welche Weisheit, aber auch welche Furcht! Man bedenke, wie wenig es braucht, um sein Messer wieder zu verlieren. So genügt es, sein durstiges Pferd nicht zur Tränke führen zu wollen.

Das war das Wesen der Zigeuner!

Was aber geschah mit einem Messer, das den ‹Freitag› ebenfalls verspielt hatte, das verloren war? Derjenige, der gegen den Stamm gesündigt hatte, musste es dem Oberhaupt zurückgeben; abends warf ein Kind das Messer ins Feuer. Am nächsten Tag – also am Sonntag – zog ein anderes Kind die Überreste aus der noch rauchenden Asche und überreichte sie dem Oberhaupt, der sie anschliessend im Meer, in einem See, einem Tümpel oder Fluss versenkte. Der im Feuer entstandene, im Wasser gehärtete Stahl musste der Natur zurückgegeben werden! Bei dieser Gelegenheit sei auch erwähnt, dass die Verbannung jener, die gegen die Gesetze des Stammes gesündigt hatten, eher im übertragenen Sinne stattfand. Die Bestrafung bestand mehr aus einer Bannung geistiger Art als aus einem wirklichen Abwenden des Stammes. Weil sich das Vergehen zumeist auf immaterielle Dinge bezog, die nur für den Zigeuner von Bedeutung waren, wurde der Sünder vom Stamm auf den Platz des letzten Wolfes verwiesen. Eine Bestrafung, die keiner je vergass!

Ich kann heute über diese Dinge schreiben, denn wenn ich auch Nichtzigeuner bin, so habe ich dennoch an der sogenannten

Bild 12: Dreizack als Hilfsmittel zur Hellseherei. Der zwölfarmige Seestern gemahnt an die Hostie in der Monstranz des katholischen Priesters. Zusammenhänge zum Gralsgeheimnis sind offensichtlich. (Photo: Yves Descubes)

‹kriss›, dem Gericht der Alten, teilgenommen. Meine Frau und meine Kinder sahen den Vollzug von jahrhundertealten, mündlich weitergegebenen Richtsprüchen. Nur wir, die Erwachsenen wussten dabei um die Gefahr unserer eigenen Fehlbarkeit; die Kinder leben diesbezüglich in einer Welt des Glücks.

Am Ende meines Berichts angekommen, möchte ich diese letzten Zeilen den Kalderas widmen, die uns mit den ‹patrines› im Labyrinth von Chartres Rätsel aufgaben, die gelegentlich gelöst und in konkrete Gegenstände umgesetzt worden sind. Ich denke dabei an die bereits erwähnten Stierhörner, aus denen sich die Form des Dreizacks entwickelte. Dieser Dreizack, dessen mittlerer Dorn kürzer war als die beiden äusseren, ist in der Zwischenzeit wieder verschwunden. Die in den dreissiger Jahren von einem futuristischen Designer entworfene Form des Camargue-Dreizacks, wie er heute serienmässig hergestellt wird, hat mit der ursprünglichen Schöpfung der Kalderas und der camargesischen Schmiede nichts zu tun. Dieser Dreizack entsprach in seiner Form einem aufrechtstehenden Menschen, der seine Arme gegen den Himmel erhob. Diese rituelle Geste findet sich in jeder Religion; bei den Katholiken wird sie die ‹Erhebung› genannt, die Indianer benutzen sie zur ‹Anrufung des Regens› und gewisse afrikanische Völker zur Kommunikation mit der Sonne, während sie beim Ku-Klux-Klan ‹Mord und Gewalt› versinnbildlicht. Der Kalderas-Dreizack bezieht sich auf den Menschen, er versinnbildlicht die zwingende Gewalt der Kraft, wobei der Satz «Ich werde von deinem Blut trinken» den wahren Sinn des Gegenstandes erkennen lässt.

Die bildliche Darstellung einer menschlichen Gestalt ist so gut durchdacht, dass mit Hilfe des verarbeiteten Metalls ein Abbild assyrischer Priesterroben, kirchlicher Soutanen, vor allem aber des Gewandes der Ku-Klux-Klan-Mitglieder entsteht. Diese Dinge sind einander sehr verwandt.

Die Passion Christi, die der katholischen Messe als Grundlage dient, enthält den Satz: «Dies ist mein Leib und dies ist mein Blut.»

Seit alters her wird den Gläubigen nebst Brot auch ein Becher mit Wein gereicht; Brot und Wein verkörpern den Leib und das Blut Christi.

Laut ‹Pépé-de-Pise› wurde auch die Monstranz der Priester nach dem Vorbild des Dreizacks gestaltet. Seiner Meinung nach sind gewisse gotische Statuen, Heilige, die in ihren Händen mit Steinen besetzte Schalen halten, nichts anderes als die symbolische Darstellung der Erkenntnis. Die Becher gehören zum heiligen Gral.

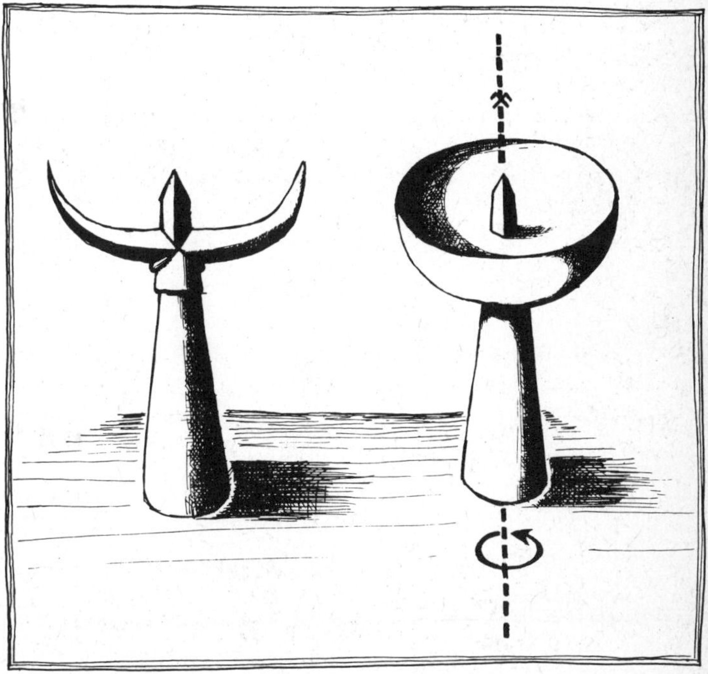

Obige Zeichnung, die unter der Anleitung von Pépé de Pise entstanden ist, zeigt, dass die Spitze des Dreizacks stets in die

Mitte zu liegen kommt. Dies gilt insbesondere auch für die abgebildete gefässartige Form, die ein Geheimnis birgt, von dem Pépé nichts wusste oder über das er nicht sprechen wollte. Es ist sehr wohl möglich – und ich habe längere Zeit darüber nachgedacht –, dass diese Spitze der freiwilligen Verletzung zum Zweck des Blutrituals diente. Diejenigen, deren Blut sich auf dem Grund des Kelchs verband, waren einander auf Lebenszeit verpflichtet; möglicherweise wurzelt hier auch die Legende der sogenannten ‹Blutsbrüder›.

Ich selber habe mich auf diese Weise mit fünf Zigeunern verbrüdert. Drei davon waren Eingeweihte, doch das Blutritual war allen unbekannt. Ist wohl diese aus dem Dreizack entwikkelte Schale ein Schritt auf dem Weg des Menschen zum heiligen Gral?

Eines Tages werde ich es vielleicht wissen und darüber schweigen. Es gibt Dinge, die man für sich behalten muss.

X
Anmerkungen

1 Es ist klar, dass ich von diesem Geheimnis nur deshalb berichte, weil die von Ludwig XIV. gestiftete Kanzel restauriert und somit für alle Wissenden unbrauchbar geworden ist.
2 Das Herstellungsverfahren von farbigen Erden ist mir nicht bekannt. Ich möchte dies den Fachleuten überlassen.
3 André Lemaire: ‹Le Livre du Docteur›, Seite 22, o. O., o. J.
4 Dieselben Vermessungen wie bei den ‹Gärten der Einweihung›.
5 siehe: Pierre Derlon, ‹Unter Hexern und Zauberern›, Basel 1976.
6 Sonnengeflecht (Plexus solaris) = Nervenknotensystem des Sympathikus – Teil des vegetativen Nervensystems – hinter der Bauchhöhle liegend.
7 Patrine ist ein Synonym für ‹Zeichen›. Es handelt sich dabei um die weibliche Form von ‹patrin›, der im Mittelalter am Cours des Miracles gesprochenen Sprache. Firmin Bouglione hat mir diesen Ausdruck aus dem geheimen Wortschatz der Zigeuner anvertraut.
8 Die Jenischen gelten nicht als reinrassige Zigeuner und werden zumeist von den übrigen Zigeuner-Gruppen verachtet.

Die Zeichnungen und graphischen Darstellungen sowie der abgebildete Brustschild wurden von dem Maler und Bildhauer Yves Derlon, Chartres, ausgeführt.

Claude Emery Derlon, die Frau des Autors, zeichnete unter der Anleitung des Stammesoberhauptes Pietro Valenti die ‹Rattenkugel›.

Die Kalderas-‹patrines› des Labyrinths von Chartres sind von Stéphane Derlon, Sohn des Autors, gezeichnet worden.

Wie in seinem Buch ‹Unter Hexern und Zauberern›, zeigt der Autor auch hier in Wort und Bild die Kontinuität zigeunerischer Gesetze, deren Gültigkeit über die inneren Belange des Stammes hinausreicht.

Das Bild auf der Umschlagrückseite zeigt den Autor und seine Familie. (Photo: R. Doisneau)